Krieg in der Ukraine

1. Auflage November 2014

Übersetzung aus dem Amerikanischen: Ortrun Cramer
Lektorat: Helmut Kunkel, Jestetten
Satz und Layout: Helmut Kunkel, Jestetten
Umschlaggestaltung: Stefanie Müller
Druck und Bindung: GGP Media GmbH, Pößneck

ISBN: 978-3-86445-156-0

FSC www.fsc.org
MIX
Papier aus verantwortungsvollen Quellen
FSC® C014496

Gerne senden wir Ihnen unser Verlagsverzeichnis
Kopp Verlag
Bertha-Benz-Straße 10
D-72108 Rottenburg
E-Mail: info@kopp-verlag.de
Tel.: (0 74 72) 98 06-0
Fax: (0 74 72) 98 06-11

Unser Buchprogramm finden Sie auch im Internet unter:
www.kopp-verlag.de

F. William Engdahl

Krieg in der Ukraine

Die Chronik einer geplanten Katastrophe

KOPP VERLAG

Inhalt

Vorwort 7

1 Die Ukraine sobotiert sich mit EU-Freihandelsabkommen selbst 13

2 Sind die Proteste in der Ukraine eine Neuauflage der US-Farbenrevolution? 17

3 Amerikanische NGO in Proteste in der Ukraine verwickelt 21

4 Dreiste Einmischung des US-Außenministeriums in die Auseinandersetzung in der Ukraine 25

5 US Außenministerium in flagranti während Regimewechsel in der Ukraine ertappt 31

6 Eine Fußnote zum Nuland-Ukraine-Skandal: USA bezahlten gewalttätige Demonstrationen 35

7 USA treiben verrückte Raketenstationierung gegen Russland voran 39

8 Die Vergewaltigung der Ukraine: Phase zwei beginnt 45

9 NATO setzt beim Putsch in der Ukraine nachweislich Bandera-Scharfschützen ein 51

10 Ukraine ernennt Oligarchen und Gangster zu Gouverneuren und Ministern 55

11 Steckt Putin in einer NATO-Bärenfalle? 61

12 Amerikanische und britische Ölkonzerne schüren in der Ukraine Illusionen über Schieferöl und -gas 65

13 Der Einsatz von Heckenschützen ist eine übliche Taktik bei NATO-Regimewechseln 71

14 Neue ukrainische Regierung heuert US-Söldner an, um den Osten des Landes unter Kontrolle zu halten 75

15 Chinesische Wirtschaftsdiplomatie gegenüber Deutschland durchkreuzt das Kalte-Kriegs-Fieber 77

16 Plant Obama mit den Saudis einen neuen Ölkrieg gegen Russland? 83

17 Moskau verpasst *Monsantos* GVO eine herbe Niederlage 87

18 Weißes Haus belügt die EU über Erdgaslieferung aus den USA 89
19 Dollar verliert rapide den Status als Weltreservewährung 93
20 Kiewer Putschregime marschiert in Richtung Krieg mit Russland 97
21 Stellt die NATO für Putin eine »Teerbaby-Falle«? 103
22 Barack Obama – der einsamste Staatslenker der Welt 107
23 Das Odessa-Massaker des *Prawyj Sektor* 111
24 Der Gangster, der die US-Republikaner kaufte 117
25 Ukraine: Heckenschützen des *Prawyj Sektor* insgeheim von Polen ausgebildet 121
26 Ist Washingtons Mann, der ukrainische Ministerpräsident Arsenij Jazenjuk, Mitglied von *Scientology*? 125
27 Die amerikanische Schieferöl-Bonanza kollabiert 129
28 Putsch in der Ukraine führt Russland und China enger zusammen 135
29 Russland und China auf dem Weg, sich vom Dollarsystem zu befreien 139
30 Neonazis des ukrainischen Rechten Sektors verbreiten »offiziell« Terror im Osten des Landes 143
31 Washingtons neue Strategie: das »Outsourcing« von Kriegen 147
32 EU spielt ukrainisches Roulette mit russischem Erdgas 159
33 Die Anti-Putin-Front in der EU bröckelt 163
34 Die Ukraine und der Krieg gegen die menschliche Intelligenz 167
35 Ukraine-MH17 ist eine »falsche Flagge« der CIA, und sie wird nicht funktionieren 175
36 Es riecht nach Korruption – Ein ukrainischer Oligarch, Schiefergas, Bürgerkrieg und Biden Junior 187
37 EU und IWF plündern die ukrainische Landwirtschaft 193
38 Die wahren Helden hinter dem Kiewer Waffenstillstand 199

Über den Autor 207

Vorwort

Wie kaum ein anderer eurasischer Staat zeichnet sich die Ukraine durch ihre außergewöhnliche geografische Lage zwischen Ost und West aus. Sie ist das, was Sir Halford Mackinder, der britische Vater der Geopolitik – des Studiums der Beziehung zwischen politischer Macht und Geografie – einen »Achsenstaat« nannte. Auf einzigartige Weise wandelt die Ukraine die geopolitische Lage Russlands, entweder zum Guten oder zum Schlechten.

Seit dem Zusammenbruch der Sowjetunion im Jahre 1991 hat Washington alles Mögliche unternommen, um einen Keil zwischen Russland und die Ukraine zu treiben, welche zuvor fester Bestandteil der sowjetischen Wirtschaft und Kultur gewesen war, mit dem Ziel der Abspaltung der Ukraine von der neu gegründeten Russischen Föderation. Die Ukraine sollte als ein Pufferstaat dienen, um eine engere Zusammenarbeit zwischen Russland und Europa, insbesondere Deutschland, zu verhindern.

Das Land Ukraine an sich stellt eine historische Besonderheit dar. Vor fast 1000 Jahren war die Kiewer Rus das Reich der Ostslawen gewesen, der Vorfahren der heutigen Bewohner der Ukraine, Russlands und Weißrusslands. Für mehr als 350 Jahre war die Kiewer Rus östlich des Dnepr Teil des russischen Zarenreichs. Nach 1795 wurde die Ukraine als Folge der Kriege, die zur Teilung Polens führten, zwischen dem orthodoxen Zarentum Russlands und dem römisch-katholischen Habsburgerreich (Österreich) aufgeteilt.

In dieser Rolle als Achsenstaat war der Ukraine eine tragische Geschichte beschieden. Nach einem blutigen Krieg mit der Roten Armee war sie 1922 gezwungen, eine der Gründerrepubliken der Sowjetunion zu werden. In den 1930er-Jahren eröffnete Stalin ein grausiges Kapitel der russischen und insbesondere der ukrainisches Geschichte, das noch heute das kollektive Gedächtnis der katholischen Landbevölkerung der Westukraine traumatisiert. In den Jahren 1932 und 1933 starben Millionen Menschen, größtenteils Bauern, in einer politisch herbeigeführten Hungersnot, die als *Holodomor* bekannt wurde. Der Hintergrund davon war Stalins Befehl zur »Liquidierung der Kulaken« – der mehr oder weniger unabhängigen Bauern –, um eine Zwangskollektivierung der Landwirtschaft einzuführen. In dieser Periode erlitten sechs bis acht Millionen Menschen in der Sowjetunion den Hungertod, davon mindestens vier bis fünf Millionen Ukrainer.

Nach Stalins Tod beschloss Nikita Chruschtschow, damals Leiter der Kommunistischen Partei der Sowjetunion, im Jahre 1954, die Krim innerhalb der UdSSR administrativ der Ukraine zu unterstellen, obgleich die Bevölkerung dort größtenteils aus ethnischen Russen bestand.

Im vornehmlich landwirtschaftlichen Westen der Ukraine, der »Kornkammer Europas«, ist die Bevölkerung historisch bedingt römisch-katholisch, und das seit Jahrhunderten. Die östlichen Teile der Ukraine – Donbass, Donezk und die Krim – gehören traditionell dem östlich-orthodoxen Glauben an und sind russischsprachig. Der Osten ist außerdem das Zentrum der bedeutendsten ukrainischen Industriezweige: Rüstungsbetriebe sowie die Förderung bzw. Verarbeitung von Stahl, Kohle, Öl und Gas.

Grob gesehen, sind dies die tektonischen Verwerfungslinien, die von den Neokonservativen im US-Außenministerium und in der CIA als Urgrund für den gegenwärtigen blutigen ukrainischen Bürgerkrieg anvisiert wurden.

Einer der führenden Verfechter globaler US-Vormacht, Zbigniew Brzeziński – gebürtiger Pole, Russophobe des Kalten Krieges und außenpolitischer Berater von Barack Obama –, beschrieb die Schlüsselrolle der Ukraine in seinem 1997 erschienenen Buch The Grand Chessboard (dt.: *Die einzige Weltmacht: Amerikas Strategie der Vorherrschaft*) wie folgt:

> *Die Ukraine, ein neuer und wichtiger Raum auf dem eurasischen Schachbrett, ist ein geopolitischer Dreh- und Angelpunkt, weil ihre bloße Existenz als unabhängiger Staat zur Umwandlung Russlands beiträgt. Ohne die Ukraine ist Russland kein eurasisches Reich mehr. […] Sollte Moskau allerdings die Herrschaft über die Ukraine mit ihren 52 Millionen Menschen, bedeutenden Bodenschätzen und dem Zugang zum Schwarzen Meer wiedergewinnen, so würde Russland automatisch die Mittel erlangen, ein mächtiges, Europa und Asien umspannendes Reich zu werden.*

Brzeziński, ein Schüler von Halford Mackinders Geopolitik, beschrieb der Rolle der »Achsenstaaten« so:

Geopolitische Dreh- und Angelpunkte hinwiederum sind Staaten, deren Bedeutung nicht aus ihrer Macht und Motivation resultiert, sondern sich vielmehr aus ihrer prekären geographischen Lage ... ergeben, ... der sie in einigen Fällen insoweit eine Sonderrolle verdanken, als sie entweder den Zugang zu geopolitisch wichtigen Gebieten festlegen oder einem geostrategisch wichtigen Akteur bestimmte Ressourcen verweigern können. [...] Die Ukraine, Aserbaidschan, Südkorea, die Türkei und der Iran stellen geopolitische Dreh- und Angelpunkte von entscheidender Bedeutung dar.

Es überrascht daher kaum, dass Brzeziński – der Architekt des Mudschaheddin-Guerilla-Krieges gegen die Sowjetinvasion Afghanistans in den 1980er-Jahren – heute die Bewaffnung der Ukraine durch die NATO befürwortet, um gegen Russland zu kämpfen. Damit soll, wie er selbst sagt, »Putin daran gehindert werden, das Zarenreich wiederherzustellen«.

Brzeziński ignoriert geflissentlich die stetig eskalierenden offenen und verdeckten Operationen der USA seit dem Ende des Kalten Krieges, die bezwecken, die NATO – entgegen den feierlichen Zusicherungen des US-Außenministers James Baker III. an Michail Gorbatschow – vor Moskaus Haustür zu bringen. Dabei tut er so, als wäre die in Polen, Tschechien, Bulgarien und der Türkei stationierte US-amerikanische »Raketenabwehr« keinesfalls eine direkte Bedrohung Moskaus.

Eine schicksalhafte ukrainische Debatte

2013 fand im Kabinett des demokratisch gewählten (wenn auch korrupten) ukrainischen Präsidenten, Wiktor Janukowytsch, eine hitzige Debatte statt. Das Thema war die wirtschaftliche Zukunft der ins Schwimmen geratenen Ukraine. Sollte sie sich nach Osten orientieren, um sich mit Russland, Belarus und Kasachstan der neuen Eurasischen Zollunion anzuschließen? Oder nach Westen durch ein Assoziierungsabkommen mit der EU (ohne eine vollwertige Mitgliedschaft)?

Nach einer Periode des Wankens und einem definitiven wirtschaftlichen Angebot Russlands – inklusive eines Preisnachlasses für das von der Ukraine benötigte russische Gas um ein Drittel und des russischen

Ankaufs ukrainischer Staatsanleihen in Höhe von 15 Milliarden Dollar, um die akute Finanzkrise in Kiew zu lindern – eröffnete Janukowytsch den EU-Ministern im November 2013, die Ukraine werde die Verhandlungen um ein EU-Assoziierungsabkommen verschieben und sich der Eurasischen Zollunion anschließen. Unter den damaligen Umständen war dies das bei Weitem attraktivere Angebot für die Ukraine.

Nur Minuten nach Janukowytschs Bekanntmachung nahm die »zweite Farbenrevolution« der Ukraine ihren Lauf. Die Proteste begannen am Abend des 21. November 2013, eingeleitet vom Fraktionsführer der Oppositionspartei *Batkiwschtschyna,* Arsenij Jazenjuk – jenem Mann, der vom US-amerikanischen Außenministerium als zukünftiger Ministerpräsident erkoren worden war. Via *Twitter* rief Jazenjuk zu Protesten auf, die er als »Euromajdan« bezeichnete und die auf dem Majdan-Platz stattfanden, vor den Hauptgebäuden der Regierung.

Was dann in der Ukraine geschah, ist im Westen bis zum heutigen Tag fast völlig unbekannt. Der Grund dafür ist ein totaler Medien-Blackout, angeführt von CNN, BBC, der *New York Times* und der *Washington Post.* De facto war es eine von der NATO verhängte Pressezensur, ausgehend von den höchsten Führungsebenen in Washington. Jene Zensur hat die einst kritischen Medien Deutschlands, anderer EU-Staaten und der USA zu Verteidigern der illegitimen Amtseinführung einer Bande nicht gewählter Krimineller und selbsternannter Neonazis gemacht. So wurde der undemokratische Putsch gegen eine demokratisch gewählte Regierung gerechtfertigt, zynischerweise alles im Namen der Demokratie.

Jenes Kiewer Putschregime brach dann nach dem 22. Februar im Osten der Ukraine einen Krieg der Vernichtung und der ethnischen Säuberung vom Zaun, angeführt von einer aus Neonazis bestehenden Privatarmee des *Pravyj Sektor,* den gleichen Männern, die auf dem Majdan-Platz als »Sicherheitskräfte« aufgetreten waren und die eine Schreckensherrschaft gegen die russischsprachigen Ukrainer errichtet hatten. Es wurden Söldnerbataillone mit dem Status einer »ukrainischen Nationalgarde« aufgestellt, finanziert vom ukrainischen Mafiaboss und Oligarchen-Milliardär Ihor Kolomojskyj, teilweise auch vom Oligarchen-Milliardär Rinat Achmetow und von Oleh Ljaschko, einem überführten Veruntreuer und Kiew-Politiker.

Jene Privatsöldner – großenteils aus der antirussischen Westukraine, wo bewusst Erinnerungen an den *Holodomor* der 1930er-Jahre aufgefrischt wurden, um eine Russophobie heraufzubeschwören – haben in der Ukraine seit März 2014 einen brutalen Krieg geführt, in dem wahllos Ukrainer getötet und Dörfer beschossen wurden, um die Bevölkerung zu vertreiben. Letztlich war dies der Versuch, Washingtons Agenda einer russischen Militärinvasion zu provozieren, die wiederum als Vorwand für eine NATO-Mobilisierung dienen könnte, um die politische Landkarte Europas, Russlands, Chinas und letztlich der ganzen Welt neu zu zeichnen.

Seit Beginn der von Kiew provokativ als »Antiterrormaßnahmen« bezeichneten Kämpfe gegen die Rebellen in der Ostukraine gab es 2593 Todesopfer und 6033 Verwundete. Nach Angaben der UNO ist die Zahl der intern vertriebenen Ukrainer auf 260 000 gestiegen, während 814000 Menschen nach Russland geflohen sind. Der Krieg tobte bislang hauptsächlich in und um die Rebellenhochburgen Luhansk, Slowjansk, Donezk und Mariupol an der Küste des Asowschen Meeres.

Zum Zeitpunkt der Niederschrift dieses Textes, Anfang September 2014, gilt ein von Russlands Präsident Putin vorgeschlagener brüchiger Waffenstillstand, der von Kiews Präsidenten Poroschenko akzeptiert wurde. Ob er halten wird oder nur eine Finte ist, um Zeit für eine Verstärkung der NATO-Präsenz zu gewinnen und dann den sinnlosen Krieg weiterzuführen, ist derzeit unklar.

Im Vorfeld des Winters droht der EU, insbesondere Deutschland, Frankreich und Italien, das Abdrehen des russischen Gashahns, mit nicht abzusehenden Folgen für Industrie und Privathaushalte. Es ist jedoch klar, dass eine Reihe von EU-Staaten, angefangen mit Deutschland, es satt haben, zur Erfüllung der Washington-Agenda gezwungen zu werden, die einen Krieg mit Russland um die Ukraine vorsieht. Während die Gangster in Kiew sich auf die Oktober-Wahlen vorbereiten, befindet sich die Wirtschaft der Ukraine im freien Fall, weil Washington auf einen neuen Krieg drängt – zunächst einen Kalten Krieg und vielleicht sogar einen heißen –, in dem die Ukraine nur als Mittel zum Zweck dient.

Klar ist, dass niemand von der Torheit der Poroschenko-Jazenjuk-Regierung in Kiew profitiert, oder genauer gesagt von der Torheit der neokonservativen Kriegsfalken im Umfeld Präsident Obamas.

Die folgenden Texte wurden aus der Sicht einer laufenden journalistischen Kriegschronik geschrieben, während die Ereignisse gerade stattfanden. Hoffentlich regen sie zum Nachdenken an.

– F. William Engdahl, Wiesbaden, 11. September 2014

1

Die Ukraine sabotiert sich mit EU-Freihandelsabkommen selbst

Seit der Auflösung der Sowjetunion 1991 und der nachfolgenden Erklärung der Unabhängigkeit der Ukraine legt das Land ein bemerkenswertes Talent zur Selbstsabotage an den Tag. Die engere Anlehnung an die NATO nach der US-finanzierten »Orangen Revolution« brachte 2005 den EU-Freund Wiktor Juschtschenko ans Ruder. Er hatte im Wahlkampf versprochen, die Ukraine in die NATO und die EU zu führen. Das Land versank in Depression und Chaos, bis die Wähler 2010 für Wiktor Janukowytsch stimmten, der allgemein als eher moskaufreundlich galt. Jetzt setzt er sich für ein »Freihandelsabkommen« mit der EU ein, bei dem Wirtschaft und Menschen in der Ukraine nur gewaltig verlieren können.

Bei der UN-Generalversammlung in New York kündigte der ukrainische Präsident Janukowytsch am 25. September den Beitritt seines Landes zu einem besonderen »Freihandelsabkommen« zwischen der EU und der Ukraine an. Mit beinahe poetischen Worten erklärte er: »Das Streben der Ukraine nach Europa ist die wichtigste Säule der Entwicklung des Landes.« Unter Hinweis auf Russlands Projekt, die Länder der ehemaligen Sowjetunion in eine russisch geführte Eurasische Wirtschaftsunion zu integrieren, betonte er: »Die Ukraine bildet eine Brücke zwischen Russland und der EU, und diese Brücke sollte stark und tragfähig sein.«[1]

Dumm nur, dass die ukrainische Brücke zwischen Moskau und Brüssel einzustürzen droht. Russlands Premierminister Medwedew hat Kiew gerade gewarnt, wenn die Regierung tatsächlich dem US-Handelsraum beiträte, könne die Ukraine nicht Mitglied der Zollunion zwischen Russland, Kasachstan, Weißrussland und Armenien werden, die Vorzugsbedingungen für den Handel gewährt. Zurzeit gehen rund 60 Prozent der ukrainischen Exporte in die ehemalige Sowjetunion, vor allem nach Russland, Weißrussland und Kasachstan.[2]

Medwedew warnte: »Ich möchte, dass sich niemand Illusionen hingibt ... Unseren ukrainischen Partnern wird die Mitgliedschaft in der Zollunion verschlossen sein. Die Regierung der Ukraine trifft eine wichtige politische Entscheidung.«[3] Und weiter: »Die bisher bestehende besondere Handelspartnerschaft mit der Ukraine wird enden. Wir werden Freunde bleiben, unsere Exporte aufrechterhalten, aber die Ukraine wird keine Sonderrechte erhalten, vielleicht sogar Beschränkungen unterliegen.«[4]

Die Rolle der USA im Hintergrund

Auch in diesem Fall scheinen die USA im Hintergrund beteiligt zu sein, indem sie die EU dazu verleiten, der Ukraine das Freihandelsabkommen zu gewähren, um sie von Moskau wegzulocken. Geoffrey Pyatt, der US-Botschafter in Kiew, hat soeben erklärt, die US-Regierung werde aktiv mit ukrainischen Behörden zusammenarbeiten, um ihre Energieunabhängigkeit zu stärken. Gemeint ist eine Unabhängigkeit von russischen Gasimporten, im Rahmen von Washingtons geopolitischer Strategie gegen die russischen Gasexporte. Pyatt wörtlich: »Ich bin entschlossen, mit der Regierung der Ukraine zusammenzuarbeiten, um die Energieunabhängigkeit der Ukraine zu stärken. Zu diesem Ziel führen mehrere Wege. Einer besteht darin, die amerikanischen Erdölkonzerne *ExxonMobil* und *Chevron* in die Ukraine zu holen, die dort nach Schiefergas bohren.«[5]

Doch dieses Schiefergas ist eine Illusion. Schon vor einiger Zeit stellten die führenden Schiefergasunternehmen in den USA fest, dass sich die Gasvorkommen extrem schnell erschöpfen, sodass die Unternehmen gezwungen sind, zur Förderung der Produktion immer mehr Brunnen zu bohren. Entsprechend steigen die Kosten der Förderung.

Gleichzeitig werden bei der umstrittenen Methode des »Fracking«, mit der das Gas aus dem Schiefergestein herausgepresst wird, Millionen von Litern hochgiftiger Chemikalien in den Boden gepumpt. Einiges davon ist bereits ins Grundwasser gelangt. Zudem sind durch das Fracking Erdbeben ausgelöst worden.[6]

Angesichts der Chance, sich ukrainisches Ackerland zu sichern, läuft den US-Agrobusiness-Multis schon jetzt das Wasser im Munde zusammen. Die Ukraine besitzt 30 Prozent der fruchtbarsten schwarzen Erde der Welt, die im amerikanischen Weizengürtel im Laufe der vergangenen 60 Jahre durch intensiven Einsatz von Chemikalien fast völlig ausgelaugt wurde. Das ukrainische Ackerland ist das einzig wertvolle Wirtschaftsgut im Land, das bisher nicht privatisiert wurde. Ukrainische Farmen sind die weltweit wichtigsten Erzeuger von Sonnenblumenöl und ein wichtiger Erzeuger von Getreide und Zucker. In der Ukraine wird mehr Honig produziert als in irgendeinem Mitgliedsland der EU.[7]

Wenn Washington die Ukraine zu einem Freihandelsabkommen mit der EU verleitet, gewinnen die USA einen erheblichen geopolitischen Vorteil. Seit dem Ende der Sowjetunion im Jahr 1991 sind die USA bemüht, eine Reintegration der eurasischen Länder zu verhindern, die einen stabilen Pol des Widerstands gegen die US-Hegemonie bilden könnten. Putin als starker Präsident hat bereits Pläne Washingtons blockiert, Syrien zu destabilisieren und damit die gesamte Landkarte des Nahen Ostens neu zu zeichnen. Wenn jetzt beim Handel ein Keil zwischen Kiew und Moskau getrieben wird, wird Russland für Erpressung aus Washington angreifbarer als je zuvor. Der größte Verlierer bei dem Abkommen ist jedoch die Ukraine selbst. Sie muss jetzt die EU-Richtlinien für Privatisierung und Handel übernehmen, die ausschließlich westlichen multinationalen Konzernen dienen, auf Kosten von Beschäftigung und Autarkie der Ukraine.

– 1. Oktober 2013

Endnoten:

1 »Between two stools: Ukraine says EU trade deal certain, Russia-led union also an option«, in: *RT Question More,* 25. September 2013, zu finden unter: *http://rt.com/business/russia-ukraine-customs-eu-319/* (aufgerufen: Juli 2014).

2 »Ukraine tells Russia to ‘accept reality’ of new trade deal with EU«, in: *Euronews,* 25. August 2013, zu finden unter: *https://web.archive.org/web/20130828195537/http://www.euronews.com/2013/08/28/ukraine-tells-*

russia-to-accept-reality-of-new-trade-deal-with-eu/ (aufgerufen: Juli 2014).

3 Maxim Shemetov, »Russia's Medvedev Warns Ukraine over joining EU trade bloc«, *Reuters,* 9. September 2013, zu finden unter: *http://uk.reuters.com/article/2013/09/09/uk-russia-ukraine-trade-idUKBRE9880NN20130909* (aufgerufen: Juli 2014).

4 Ebd.

5 David Kashi, »Shale Gas Development By the US In The Ukraine Can Help Promote Energy Security«, *International Business Times,* 18. September 2013, zu finden unter: *http://www.ibtimes.com/shale-gas-development-us-ukraine-can-help-promote-energy-security-1407944* (aufgerufen: Juli 2014).

6 W. Engdahl, »Amerikas Schiefergas-Revolution: Ein einziges Schneeballsystem«, in: *KOPP Online,* 8. Mai 2013, zu finden unter: *http://info.kopp-verlag.de/hintergruende/deutschland/f-william-engdahl/amerikas-schiefergas-revolution-ein-einziges-schneeballsystem.html* (aufgerufen: Juli 2014).

7 Wikipedia-Artikel zu *Economy of Ukraine,* zu finden unter: *http://en.wikipedia.org/wiki/Economy_of_Ukraine#cite_note-UkrAgroConsult-27* (aufgerufen: Juli 2014).

2

Sind die Proteste in der Ukraine eine Neuauflage der US-Farbenrevolution?

Am 21. November erklärte der ukrainische Präsident Wiktor Janukowytsch beim EU-Gipfeltreffen in Vilnius, die Ukraine werde entgegen früheren Absichten kein Assoziierungs- und Freihandelsabkommen mit der EU unterzeichnen, wodurch das Land näher an die Europäische Union herangeführt worden wäre. Stattdessen setze die Ukraine auf eine Stärkung der Wirtschaftsbeziehungen mit Russland. Seit jenem Tag wird Janukowytsch bei Protestkundgebungen, die nicht immer friedlich ablaufen, aufgefordert, die Entscheidung zurückzunehmen.[1] In einer merkwürdigen Demonstration von Einmischung in die inneren Angelegenheiten eines fremden Landes reisten Victoria Nuland, die ehemalige US-Botschafterin bei der NATO, und mehrere EU-Politiker nach Kiew, wo sie mit öffentlichen Äußerungen versuchten, die Ukraine zum EU-Beitritt zu bewegen.

Dahinter verbirgt sich ein riesiges, von Washington inszeniertes geopolitisches Spiel, die Ukraine aus ihrer historischen, kulturellen und wirtschaftlichen Bindung an das Nachbarland Russland zu lösen. Es sieht alles genauso aus wie die US-organisierte Orange Revolution von 2004, durch die ein NATO- und EU-freundlicher Präsident ins Amt gebracht wurde. Nur kann Russland dieses Mal ganz andere Karten ausspielen.

Während die Proteste gegen die Weigerung, dem Assoziierungsstatus mit der EU zuzustimmen, noch im Gang waren, reiste Präsident Janukowytsch nach Peking, wo er versucht, sich die 17 Milliarden Dollar oder zumindest einen Teil davon zu sichern, die für Schuldenrückzahlungen und den Import von Gas aus Russland dringend benötigt werden. Seit dem 21. November führen internationale Spekulanten einen Angriff gegen Währung, festverzinsliche Wertpapiere und Aktien der Ukraine. Die Zentralbank sah sich gezwungen, den Menschen zu versichern, ihre Spargelder seien sicher, während der Finanzminister betonte, die Ukraine werde auch weiterhin wie bisher ihre Schulden zurückzahlen. Die politischen Proteste treiben die Zinsen in die Höhe, da festverzinsliche Wertpapiere als riskanter betrachtet werden – eine weitere finanzielle Abwärtsspirale entsteht.[2]

Derweil mischt sich der deutsche Außenminister Guido Westerwelle zusammen mit litauischen und polnischen Parlamentariern öffentlich ein; sie rufen die Ukraine auf, der EU beizutreten und die Bindung an Moskau aufzugeben. Kurz: Die Ukraine steht unter voller Attacke. Die Ereignisse erinnern an die US-finanzierte Orange Revolution von 2004 – eine Analyse, die von vielen Persönlichkeiten in der Ukraine, mit denen der Autor in Kontakt steht, geteilt wird. Ein Paradebeispiel sind die wohlkoordinierten Proteste, die am Wochenende vom 30. November von 400 auf Zehntausende von Teilnehmern anschwollen.

Laut Berichten, die der Autor direkt aus der Ukraine erhalten hat, wurden Studenten, Arbeitslosen und sogar Drogenabhängigen 25 Euro dafür geboten, am letzten Wochenende per Bus oder Zug nach Kiew zu einer Massendemonstration zu fahren. Die Geldquelle wird noch untersucht, aber es riecht nach einer neuen Operation des amerikanischen *National Endowment for Democracy*, mit der Chaos geschürt werden soll. Der deutsch-ukrainische ehemalige Boxer und heutige Politiker Witalij Klytschko, Vorsitzender der Oppositionspartei UDAR, ruft Janukowytsch zum Rücktritt auf.[3]

Die Geopolitik

In Wirklichkeit geht es weniger um die Ukraine an sich als um den seit 23 Jahren betriebenen Versuch vonseiten Washingtons, des US-Außenministeriums und der CIA, einen Keil zwischen die Ukraine und Russland zu treiben, um Putin und Russland weiter zu schwächen. Die jüngsten Ereignisse in Syrien und anderen Ländern haben gezeigt, dass Russland als globaler Spieler, dessen Einfluss die amerikanischen Pläne durchkreuzen kann, alles andere als erledigt ist. Seit Putin im Mai 2012 erneut das Präsidentenamt übernommen hat, bezieht er in der Frage der Stationierung der US-Raketenabwehr in Polen und anderen Ländern im Umkreis Russlands und in vielen weiteren Fragen eine klare Position. Gleichzeitig verstärken Russland und China die Kooperation im wirtschaftlichen und sogar militärischen Bereich. Das ist genau die Kombination, die Washington geopolitische Albträume bereitet – ein vereinigtes Eurasien von Moskau bis Peking und weit darüber hinaus.

Die Integration in die EU würde für die Ukraine unter anderem deshalb so teuer werden, weil das Land durch einen solchen Schritt von den traditionellen Märkten in Russland abgeschnitten würde. Bevor Kiew das Angebot der EU ablehnte, hatte Moskau gewarnt, die Export-Vorzugstarife für die Ukraine würden nicht aufrechterhalten, wenn das Freihandelsabkommen mit der EU unterzeichnet werde, da es de facto den russischen Markt für europäische Güter öffnen würde.

EU-Vertreter bezeichnen die russische Position als harten wirtschaftlichen Druck und behaupten, dieser Druck habe Kiew bewogen, das Handelsabkommen abzulehnen. Moskau beschuldigt Brüssel, eine rein wirtschaftliche Frage zu politisieren; in Wirklichkeit setzten die Europäer die Ukraine unter Druck, ein ungünstiges Abkommen zu unterzeichnen.

Seit Putin Präsident ist, hat er den Aufbau einer, wie er sie nennt, Eurasischen Wirtschaftsunion mit Kasachstan und Weißrussland zur wirtschaftlichen Priorität gemacht. In einer solchen Union würde die Ukraine eine sehr wichtige Rolle spielen.

Andererseits hätte eine de facto bankrotte EU, wie viele ukrainische Ökonomen betonen, nur Peanuts dafür zu bieten, dass die Ukraine Russland den Rücken kehrt, würde jedoch verlangen, dass die Ukraine europäischen Unternehmen Tür und Tor öffnen würde, die sich mit Freuden die saftigsten Rosinen herauspicken würden.

Was sich jetzt zwischen Moskau, Kiew und Peking entwickelt, könnte die politische Landkarte Europas – und nicht nur Europas – für die nächsten zehn Jahre bestimmen. Im Moment scheinen die Demonstrationen an Wucht zu verlieren. Vielleicht ist es Zeit für Herrn Klytschko, sich mit Angela Merkel in Berlin zu befassen, anstatt in Kiew einen Regimewechsel zu verlangen.

– 10. Dezember 2013

Endnoten:

1 »Ukrainian Protesters Blockade President's Administration«, in: *RiaNovosti:* zu finden unter: *http://en.ria.ru/world/20131206/185301376/Ukrainian-Protesters-Blockade-Presidents-Administration.html* (aufgerufen: Juli 2014).

2 »Ukrainian President Viktor Yanukovych leaves chaos for China«, in: *South China Morning Post:* 3. Dezember 2013, zu finden unter: *http://www.scmp.com/news/world/article/1372187/ukrainian-president-viktor-yanukovych-leaves-chaos-china* (aufgerufen: Juli 2014).

3 Ebd.

3

Amerikanische NGO in Proteste in der Ukraine verwickelt

Den jüngsten Protesten in der Ukraine haftet der schale Beigeschmack eines vom Ausland inszenierten Versuchs an, die Regierung von Wiktor Janukowytsch zu destabilisieren. Janukowytsch hatte sich geweigert, ein Assoziierungsabkommen mit der EU zu unterzeichnen, durch das ein Keil zwischen Russland und die Ukraine getrieben worden wäre. Der zum politischen Guru gewandelte Boxchampion Witalij Klytschko trifft sich mit Vertretern des US-Außenministeriums und unterhält enge Verbindungen zu Angela Merkels CDU-Apparat in Deutschland. Dem Assoziierungsabkommen zwischen der EU und der Ukraine widersetzen sich auch viele EU-Mitgliedsstaaten, die selbst mit erheblichen wirtschaftlichen Schwierigkeiten zu kämpfen haben.

Die beiden EU-Vertreter, die sich mit größtem Nachdruck dafür einsetzen – der schwedische Außenminister Carl Bildt und Polens Außenminister Radosław Sikorski –, sind in der EU für ihre Nähe zu Washington nur allzu gut bekannt. Die USA puschen die Integration der Ukraine in die EU, genauso wie sie schon 2004 hinter der gescheiterten »Orangen Revolution« gestanden haben.

Die Absicht ist, die Ukraine von Russland zu trennen und Russland dadurch zu isolieren und zu schwächen. Jetzt fanden Ukrainer Beweise für eine direkte Beteiligung der von den USA finanzierten Belgrader

Trainingsgruppe CANVAS an den mit größter Sorgfalt inszenierten Protesten in Kiew.

Es liegt ein Exemplar des Flugblatts vor, das an oppositionelle Demonstranten in Kiew verteilt wurde – und es ist eine wörtliche Übersetzung (mit denselben Bildern) des Flugblatts, das Aktivisten der US-finanzierten Organisation CANVAS 2011 auf dem Tahrir-Platz in Kairo verteilten. Die damaligen Proteste führten zum Sturz Husni Mubaraks und ebneten den Weg für die von den USA unterstützte Muslimbruderschaft.[1] Das untenstehende Foto zeigt beide Flugblätter im direkten Vergleich:

Das Foto links stammt vom Tahrir-Platz, das rechte aus Kiew, und unten links folgt das englische Original, welches die Belgrader NGO CANVAS verwendete

Die Organisation CANVAS, vormals *Otpor!*, erhielt im Jahr 2000 vom US-Außenministerium erhebliche finanzielle Mittel für die Vorbereitung der ersten erfolgreichen Farbenrevolution gegen Slobodan Milošević im damaligen Jugoslawien. Seitdem hat sich die Organisation in ein Vollzeit-»Revolutionsberaterbüro« für die USA gewandelt. Nominell tritt sie als serbische Basisbewegung auf, die sich für »Demokratie« einsetzt.[2] Wer kommt schon auf die Idee, dass eine NGO aus Serbien eine Frontorganisation für einen von den USA unterstützten Regimewechsel sein könnte?

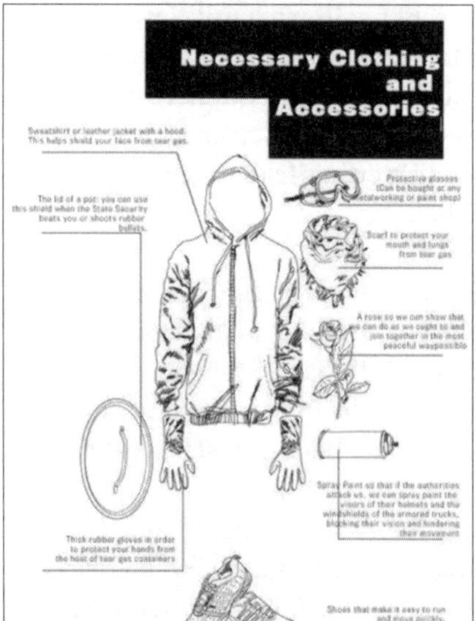

Die seltsame ukrainische »Opposition«

Direkte Quellen in Kiew berichten mir, die regierungsfeindlichen Demonstranten seien mit Geld unter Studenten und Arbeitslosen rekrutiert worden, die per Bus in die Kiewer Innenstadt gekommen seien. Besonders verräterisch ist das spektakuläre Auftauchen des Boxchampions Witalij Klytschko als der mutmaßlich weise Politiker, der die Ukraine in die Zukunft führt.

Zweifellos ist eine Karriere, bei der man andere Boxer K. o. schlägt, eine ausgezeichnete Vorbereitung für eine Position als Staatsmann – ich allerdings würde da doch Bedenken anmelden. Es erinnert an die Wahl des mittelmäßigen Hollywood-Filmschauspielers Ronald Reagan zum US-Präsidenten. Interessanter an dem Sprecher der »Opposition« Klytschko ist jedoch, wer seine Freunde sind.

Unterstützt wird er von der Europabeauftragten im US-Außenministerium, Victoria Nuland. Nuland, ehemals US-Botschafterin bei der NATO, ist eine Neokonservative. Ihr Ehemann ist der führende neokonservative Kriegsfalke Robert Kagan. Sie selbst war früher Beraterin von Dick Cheney.[3] Klytschko unterhält außerdem sehr freundschaftliche Beziehungen zur deutschen Bundeskanzlerin Angela Merkel. Merkel möchte Klytschko 2015 bei seiner Bewerbung um das Präsidentenamt in der Ukraine unterstützen.[4]

Ein weiterer Hinweis darauf, dass sich hinter der »Demokratie«-Opposition ein finsterer Plan verbirgt, ist der inhaltliche Schwenk der Demonstranten, die zuvor den Zugang zur EU gefordert hatten und jetzt den sofortigen Rücktritt der Janukowytsch-Regierung verlangen. Klytschko und die Opposition nutzten ein bedauerliches Eingreifen der Polizei gegen Demonstranten aus, um die Proteste von wenigen Hundert auf Zehntausende auszuweiten.

Am 18. Dezember nahm die ukrainische Regierung Klytschko allerdings zumindest teilweise den Wind aus den Segeln, als sie ein umfangreiches Wirtschaftsabkommen mit Russland unterzeichnete, in dem sich Russland verpflichtet, den Preis für das in die Ukraine exportierte Gas von derzeit über 400 Dollar um ein Drittel auf 268,50 Dollar pro 1000 Kubikmeter zu senken und zusätzlich 15 Milliarden Dollar ukrainische Staatsschulden in Euro-Bonds aufzukaufen. Das verschafft der Ukraine Luft, einen Staatsbankrott abzuwenden und in Ruhe über die Zukunft zu verhandeln.

– 29. Dezember 2013

Endnoten:

1 »Flashback: Same pamphlets in Ukraine handed out during protests in Egypt: US NGO Uncovered«, in: *Resisting the New World Order,* 12. Dezember 2013, zu finden unter: *http://12160.info/photo/photo/show?id=2649739%3APhoto%3A1376645* (aufgerufen: Juli 2014).
2 Nebojsa Malic, »Invasion of the Mind Snatchers«, in *AntiWar.com,* 24. Juni 2011, zu finden unter: *http://original.antiwar.com/malic/2011/06/23/invasion-of-the-mind-snatchers/* (aufgerufen: Juli 2014).
3 Siehe: *https://www.youtube.com/watch?v=omiz548uoWY* (aufgerufen: Juli 2014).
4 »Merkel unterstützt Klitschko«, *Zeit Online,* 8. Dezember 2013, zu finden unter: *http://www.zeit.de/politik/ausland/2013-12/merkel-klitschko-ukraine* (aufgerufen: Juli 2014).

4

Dreiste Einmischung des US-Außenministeriums in die Auseinandersetzung in der Ukraine

In der Hitze der jüngsten Auseinandersetzungen und angesichts des Todes von Demonstranten in der Ukraine wird leicht übersehen, welch hinterhältige Rolle Schlüsselpersonen aus Washington spielen – allen voran Victoria Nuland vom State Department –, um das Ende der gewählten Regierung Janukowytsch zu erzwingen. Dabei geht es Washington weniger um »Demokratie und Freiheit« als vielmehr um eine Destabilisierung Russlands.

Am 19. Januar, einem Sonntag, kam es bei den seit acht Wochen andauernden Protesten und Demonstrationen gegen die Regierung von Präsident Wiktor Janukowytsch zu bisher nicht dagewesener Gewalt. Banden rechtsnationaler Aktivisten, die sich *Prawy Sektor* (»Rechter Sektor«) nennen, griffen ukrainische Polizisten an, die Regierungsgebäude schützten und versuchten, die Demonstranten in Schach zu halten.

Vom Dach des Dynamo-Kiew-Fußballstadions aus schleuderten Demonstranten Molotowcocktails auf Polizisten. Daraufhin setzte die Polizei Blendgranaten und Tränengas ein. Über 60 Polizisten wurden durch Steinwürfe und Molotowcocktails verletzt und mussten im Krankenhaus behandelt werden.

Die gewaltbereiten rechtsgerichteten Radikalen erklärten gegenüber *Radio Free Europe,* einem Sender der US-Regierung mit engen Beziehungen zu CIA und *State Department,* sie bereiteten sich auf einen blutigen Guerillakrieg gegen die Regierung vor. Andrij Tarasenko, Koordinator des Rechten Sektors, warnte: »Ich glaube, wenn sie angreifen und versuchen, den Protest blutig niederzuschlagen, wird es ein Massaker geben. In der Ukraine kommt es zum Guerillakrieg.«[1] Tarasenkos Forderungen decken sich im Wesentlichen mit denen des ehemaligen Boxers und heute rechten Politikers Witalij Klytschko, des offenkundigen Favoriten der Regierung Merkel in Deutschland, der sich für einen EU-Beitritt der Ukraine einsetzt.

Wie Tarasenko erklärte, bestehen die »Forderungen« des Rechten Sektors in der Absetzung der gegenwärtigen Regierung und im »Aufbau eines Nationalstaats« in der Ukraine. Außerdem verlangt er den Rücktritt von Janukowytsch, betont aber, ihm und seiner Familie würden »24 Stunden gegeben, um das Land sicher zu verlassen«. Über die Website *VKontakte* ruft die Organisation zu Spenden von Dingen wie Steinschleudern, Stahlkugeln, Benzin, Laserpointern, Glasflaschen, Ketten und Feuerwerkskörpern auf.[2]

Der nominelle Auslöser der jüngsten explosiven Proteste in der Ukraine waren Notstandsgesetze, die das Parlament am 16. Juni verabschiedet hatte, um die Unruhen unter Kontrolle zu halten. Unter anderem wurde das Demonstrationsrecht eingeschränkt, unabhängige Medien eingeengt und Aktionen von NGOs verboten. Dabei gibt es Hinweise darauf, dass die gesamte Protestbewegung von Washington-finanzierten NGOs wie dem *National Endowment for Democracy* und Neokonservativen aus dem Bush-Cheney-Lager, die noch immer im US-Außenministerium tätig sind, gesteuert wird. Die Schlüsselfigur ist Victoria Nuland.

Victoria Nuland vom US State Department

Es ist höchst aufschlussreich, sich die Erklärungen von Nuland, die Anfang Dezember persönlich mit Oppositionsführer Klytschko in Kiew zusammentraf, einmal genauer anzusehen. Sie belegen die extreme Einmischung Washingtons in die inneren Angelegenheiten der Ukraine. Nuland, die von Hillary Clinton zur Beauftragten des US-Außenministeriums für Europa und Eurasien ernannt wurde, will die Entscheidung der ukrainischen Regierung gegen einen EU-Beitritt nicht hinnehmen. Die Regierung hatte im November 2013 beschlossen, die von Brüssel aufgestellten Bedingungen für ein »Assoziierungsabkommen« zwischen der Ukraine und der EU nicht zu akzeptieren.

Nach jenem Abkommen hätte die Ukraine ihre Wirtschaft den Regeln des »freien Marktes« öffnen müssen, ohne dafür wesentliche Gegenleistungen zu erhalten. Als Janukowytsch der EU die Entscheidung seiner Regierung mitteilte, gab Nulands Sprecher die folgende Erklärung ab: »Wir unterstützen auch weiterhin den Wunsch der Menschen in der Ukraine, zu einer erfolgreichen europäischen Demokratie zu werden.«[3] Es war eine wenig diplomatische Einmischung auf der Seite der Demonstranten, mit der die Opposition gestärkt werden sollte. Das gelang auch.

Am 5. Dezember 2013 erklärte Nuland nach dem Treffen mit Klytschko: »Es sollte keinen Zweifel darüber geben, wo die Vereinigten Staaten in dieser Frage stehen. Wir stehen auf der Seite der Menschen in der Ukraine, die ihre Zukunft in Europa sehen …«[4] Ihrer Rede ließ sie eine Reihe von seltsamen Pressefotos folgen, auf denen sie zu sehen war, wie sie oppositionellen Demonstranten eine Plastiktüte mit Lebensmitteln übergab. Wenige Tage nach Nulands parteiischen Aussagen für einen EU-Beitritt folgte der Auftritt des republikanischen Kriegsfalken Senator John McCain, der sich Anfang Dezember an die Seite der Opposition stellte. McCain ist Vorstandsvorsitzender des vom *National Endowment for Democracy* unterstützten *International Republican Institute.*[5]

Am 15. Januar 2014 kritisierte Nuland Russland dafür, dass es der Ukraine lebenswichtige Anleihekäufe in Höhe von 15 Milliarden Dollar gewährte. In diesem Zusammenhang legte sie praktisch das Standardvorgehen der US-Regierung zur Wahlbeeinflussung offen, das in zahlreichen »Farbenrevolutionen« seit dem Putsch des NED im Jahr 2000 gegen Milošević' Jugoslawien zur Anwendung gekommen war. Vor dem US-Senat erklärte sie: »Der Einsatz von Gewalt und Repression durch Sicherheitskräfte der Regierung und deren Surrogate haben uns dazu veranlasst, gegenüber der Regierung der Ukraine öffentlich und privat klarzustellen, dass wir über verschiedene uns zur Verfügung stehende Instrumente nachdenken, wenn Verantwortliche in der Ukraine Gewalt gegen die eigenen Bürger einsetzen oder dazu ermuntern.«[6]

Anschließend appellierte sie direkt an Präsident Janukowytsch: »Wir fordern ihn auf, frühere Versicherungen durch konkrete Handlungen zur Wiederherstellung der Verantwortlichkeit der Regierung, der

Rechtsstaatlichkeit und des Engagements mit EU und IWF glaubhaft zu machen.« Unter Bezug auf die für 2015 geplanten Wahlen in der Ukraine erklärte sie: »Teil der Unterstützung der USA im Vorfeld der Wahlen in der Ukraine werden wahrscheinlich Programme für die Aufsicht der Bürger über das Wahlkampfumfeld und die Durchführung der Wahlen, für unabhängige Medienberichterstattung sowie Aufklärung und Beteiligung der Bürgerschaft sein.« Und schließlich: »State Department und USAID prüfen, wie Zivilgesellschaft und Medien in der Ukraine bestmöglich unterstützt werden können.«[7]

Victoria Nuland ist ein Überbleibsel des von neokonservativen Kreisen um Bush und Cheney versuchten Staatsstreichs in den USA. Sie war früher Assistentin von US-Vizepräsident Dick Cheney; verheiratet ist sie mit Robert Kagan, dem Guru der Neokonservativen. Sie wurde dabei ertappt, wie sie als Sprecherin des Außenministeriums unter Hillary Clinton die amerikanische Öffentlichkeit anlog. Nuland veranlasste ihre Vorgesetzten, zahlreiche Bezüge auf Extremisten, die in Bengasi und im Osten Libyens mit der *al-Qaida* zusammenarbeiteten, zu streichen. Außerdem überredete sie hochrangige Beamte, Informationen über mindestens fünf weitere Attacken nicht identifizierter Angreifer auf ausländische Interessen in Bengasi zu streichen.[8]

Washington, zumindest aber die dortigen Neokonservativen, sind offensichtlich entschlossen, die neue ukrainisch-russische Wirtschaftszusammenarbeit zu destabilisieren, koste es, was es wolle.

– 26. Januar 2014

Endnoten:

1 »Far-Right Ukrainian Opposition Group Vows 'Guerilla War'«, in: *Radio Free Europe Radio Liberty*, 22. Januar 2014, zu finden unter: *http://www.rferl.org/content/ukraine-kyiv-protests-guerrilla-war/25238878.html* (aufgerufen: Juli 2014).

2 Ebd.

3 Jen Psaki, »Violence Against Ukrainian Demonstrators, in: U.S. Department of State«, 30. November 2013, zu finden unter: *http://www.state.gov/r/pa/prs/ps/2013/11/218144.htm* (aufgerufen: Juli 2014).

4 Victoria Nuland: »Intervention at the OSCE Ministerial Council First Plenary Session«, in: *U.S. Department of State*, 5. Dezember 2013, zu finden unter: *http://www.state.gov/p/eur/rls/rm/2013/dec/218364.htm* (aufgerufen: Juli 2014).

5 »One Year Later: Prospects for a Democratic Transition in Iran – Conference Biographies«, in: *National Endowment for Democracy,* zu finden unter: *http://www.ned.org/events/democracy-award/2010-democracy-awards/conference-agenda/biographies* (aufgerufen: Juli 2014).

6 Victoria Nuland: »Implications of the Crisis in Ukraine«, in: *U.S. Department of State,* 15. Januar 2014, zu finden unter: *http://www.state.gov/p/eur/rls/rm/2014/jan/219795.htm* (aufgerufen: Juli 2014).

7 Ebd.

8 Jim Hoft, »Busted: State Department Spokeswoman Victoria Nuland Deliberately Lied to Reporters About Benghazi Talking Points«, in: *Gateway Pundit,* 10. Mai 2013, zu finden unter: *http://www.thegatewaypundit.com/2013/05/busted-state-department-spokeswoman-victoria-nuland-deliberately-lied-to-reporters-about-benghazi-talking-points-video/* (aufgerufen: Juli 2014).

5

US-Außenministerium in flagranti während Regimewechsel in der Ukraine ertappt

Die Europa-Beauftragte des US-Außenministeriums, Victoria Nuland, wurde bei einem Telefongespräch mit ihrem Kiewer Botschafter Geoffrey (»Geoff«) Pyatt in flagranti bei der Planung von Einzelheiten einer US-Intervention in die Regierung der Ukraine ertappt. Im Zeitalter von Snowden und von NSA-Spähaktionen gegen jedermann will Washington nun Russland beschuldigen, das Gespräch abgehört und veröffentlicht zu haben.

In dem veröffentlichten Mitschnitt des Telefongesprächs zwischen Nuland, der Neokonservativen und Schlüsselperson in der Obama-Regierung, die die jüngsten Proteste in der Ukraine inszeniert, ist deutlich zu hören, wie die Inszenierung des US-Staatsstreichs detailliert geplant wird. Nuland diskutiert mit dem amerikanischen Botschafter, wie man Witalij Klytschko überzeugen könne, sich herauszuhalten, über Probleme in seiner Ehe und darüber, wen man stattdessen in die Regierung bringen möchte. Nuland möchte den Star der Oppositionsbewegung Klytschko dazu bewegen, nicht als Vize-Ministerpräsident in die neue Koalitionsregierung einzutreten, sondern von außen Kritik zu üben. Einmal hört man Nuland, offensichtlich enttäuscht über die Haltung der EU zu den Koalitionsgesprächen, ganz deutlich sagen: »Fuck the EU« – zu Deutsch: »Sch… auf die EU.«[1]

Ginge es nicht um die ruinierte Wirtschaft in der Ukraine, das

Leiden von Millionen von Menschen seit Beginn der US-inszenierten Proteste im vergangenen November und den Tod mehrerer unschuldiger Bürger – das Bekanntwerden des Telefongesprächs wäre eine politische Komödie erster Ordnung. Nuland, eines der berüchtigten Überbleibsel der Regierung Bush und Cheney, ist eine stramme neokonservative Kriegstreiberin, die unter Bush US-Botschafterin bei der NATO war. Hillary Clinton holte sie später zurück nach Washington. Heute ist sie zuständig für Europa, und zwar sowohl für die EU als auch für Osteuropa, wo sie eindeutig eine Schlüsselrolle bei dem versuchten Regimewechsel in Kiew spielt.[2]

In dem abgehörten Telefonat ist deutlich zu hören, wie sie Botschafter Pyatt rät, Klytschko und den Vorsitzenden der rechtsgerichteten Partei *Swoboda,* die bei den letzten Parlamentswahlen zehn Prozent der Stimmen errang, zu überreden, sich aus der Koalition herauszuhalten. Man hört klar, wie Nuland erklärt, dass sie sich Arsenij Jazenjuk, den Vorsitzenden der Vaterlandspartei der inhaftierten Julija Tymoschenko, als Schlüsselmann in der Regierung wünscht.[3] Außerdem berichtet sie, US-Vizepräsident Joe Biden habe ihr bestätigt, er sei bereit, den Deal »wasserdicht zu machen«.

Washington hat jetzt auf die Veröffentlichung des peinlichen Mitschnitts auf *YouTube* reagiert, der sich im Internet über Nacht wie ein Lauffeuer verbreitet hat: Moskau wird vorgeworfen, das abgehörte Gespräch öffentlich gemacht zu haben.[4] Ein *Twitter*-Posting eines Mitarbeiters des russischen Vize-Ministerpräsidenten Dmitri Rogosin über den Mitschnitt kurz nach dessen Auftauchen im Internet wird für den Versuch einer lahmen Gegenattacke benutzt. »Es ist ein neuer Tiefpunkt in der russischen Spionagepraxis hinsichtlich Veröffentlichung und Posting«, erklärte die Sprecherin des US-Außenministeriums Jen Psaki. »Sie verbreiten es aktiv, posten und twittern darüber, wir betrachten es als einen neuen Tiefpunkt.« Wie Psaki erklärte, hat Nuland ihre EU-Kollegen kontaktiert und sich für ihre peinliche Bemerkung entschuldigt.[5] Nun ja, ziemlich lahm.

Wer auch immer hier abgehört hat – auch die Regierung der Ukraine ist in der Lage, Gespräche abzuhören, nicht nur Russland oder die NSA – jetzt ist bekannt, dass Nuland und die Obama-Regierung versuchen, die Ukraine mit allen Mitteln von Russland loszubrechen. Das dürfte nun durch die Veröffentlichung allerdings etwas komplizierter werden.

– 8. Februar 2014

Endnoten:

1 Siehe: *https://www.youtube.com/watch?annotation_id=annotation_2612647377&feature=iv&src_vid=CL_GShyGv3o&v=KIvRljAaNgg* (aufgerufen: Juli 2014).
2 Siehe Kapitel 4 in diesem Buch: »Dreiste Einmischung des US-Außenministeriums in die Auseinandersetzung in der Ukraine«.
3 Siehe: *https://www.youtube.com/watch?annotation_id=annotation_2612647377&feature=iv&src_vid=CL_GShyGv3o&v=KIvRljAaNgg* (aufgerufen: Juli 2014).
4 »US Accuses Russia of Leaking Diplomat Conversation on Ukraine«, *RiaNovosti,* 7. Februar 2014, zu finden unter: *http://en.ria.ru/russia/20140207/187287869/US-Accuses-Russia-of-Leaking-Diplomat-Conversation-on-Ukraine.html* (aufgerufen: Juli 2014).
5 Ebd.

6

Eine Fußnote zum Nuland-Ukraine-Skandal: USA bezahlten gewalttätige Demonstrationen

Der weltweite Skandal um die Europa-Beauftragte des US-Außenministeriums Victoria Nuland wird mit großer Sorgfalt in Szene gesetzt, um die Aufmerksamkeit von dem wirklichen Thema abzulenken. Anstatt sich des dreist-unverfrorenen Inhalts von Nulands in der vergangenen Woche abgehörtem Telefonat mit Geoffrey Pyatt, dem US-Botschafter in der Ukraine, anzunehmen – dass nämlich Nuland ein Jahr vor den verfassungsmäßig geplanten Wahlen in der Ukraine das Mikro-Management eines versuchten amerikanischen Staatsstreichs gegen die gewählte Regierung betreibt – konzentriert sich alles auf Nulands krassen Kommentar »Fuck the EU«. Wie ihr Büro mitteilt, hat sie sich für die Bemerkung entschuldigt; wir sollen also tunlichst vergessen, dass sie überhaupt gefallen ist.

Ein typisches Beispiel für den Versuch der Mainstream-NATO-Medien, die Debatte zu verlagern, ist die neueste Ausgabe des *Spiegel* – »Fauxpas einer US-Diplomatin: ›Fuck the EU‹«.[1] Der *Spiegel*-Artikel konzentriert sich auf die unverblümt arrogante Sprache Nulands, einer früheren Assistentin Dick Cheneys und hartgesottenen Neokonservativen, als sei die das eigentliche Problem. Kaum jemals in der neueren Geschichte der Diplomatie trat eine unrechtmäßige Einmischung in die inneren Angelegenheiten eines souveränen Staates so offen zutage wie durch Nulands Telefonat. Für Nicht-Muttersprachler des Englischen, für die

»Fuck the EU« vielleicht nur witzig klingt, sei der Hinweis erlaubt: Im amerikanischen Englisch ist es Ausdruck krassester imperialer Arroganz. Der Satz bestätigt, was die NSA-Skandale bereits andeuteten – Washington betrachtet Deutschland und die EU als »Vasallen« der USA, um den Begriff von Obamas früherem Berater Zbigniew Brzeziński zu verwenden.

Als sich der Skandal im Internet rasend schnell verbreitete, erklärte Nulands Sprecherin Jennifer Psaki: »Es ist ein neuer Tiefpunkt in der russischen Spionagetaktik hinsichtlich Veröffentlichung und Posten. Sie verbreiten es aktiv, posten und twittern darüber, wir betrachten es als einen neuen Tiefpunkt.«[2]

Wie bitte, Frau Psaki? Ist das ein Ablenkungsmanöver? Welchen Beweis haben Sie, außer dem, dass ein Assistent des russischen Vize-Ministerpräsidenten Rogosin behauptet, er habe wie Millionen andere *YouTube* aufgerufen und eine *Facebook*-Nachricht verschickt? Ist der ukrainische Geheimdienst nicht in der Lage, genauso wie die NSA mit hoch entwickelten Anlagen Gespräche abzuhören?

Der *Spiegel* lässt den Kern von *YouTube* unerwähnt – dass nämlich das US-Außenministerium die Krise in der Ukraine bis ins kleinste Detail manipuliert. Nicht genug damit, dass von der US-Regierung finanzierte NGOs wie das *National Endowment for Democracy* (Nationale Stiftung für Demokratie) Geld für Demonstranten in der Ukraine bezahlen. Jetzt kam die direkte Inszenierung des US-Außenministeriums ans Licht – für jeden, der es sehen und hören will.

Der *Spiegel* endet sogar mit einer leichten Note, er zitiert Nulands Büro, das zuvor Moskau für die Abhöraktion verantwortlich gemacht hatte. Der Artikel berichtet über ein Interview mit der *New York Times:* »Sie schien aber eher amüsiert als ärgerlich, schreibt die Zeitung. ›Das gehört alles zum Job‹, sagte die Diplomatin demnach.«[3]

Hinweise, wonach Washington Neonazis bezahlte

Jetzt gibt es Hinweise aus der Ukraine, wonach Washington, d. h. Nuland und andere, auch die gewalttätigen Neonazis bezahlte, die jüngst nach Kiew und in andere Städte gefahren sind, um dort gewalttätigen Aufruhr zu veranstalten, der der Regierung Janukowytsch Angst einjagen und ihn zum Nachgeben gegenüber den Plänen der USA veranlassen sollte. CNN, die BBC und Mainstream-NATO-Medien vermitteln den Eindruck, als unterstütze die Mehrheit der Menschen in der Ukraine die Proteste gegen Janukowytsch, weil er das Assoziierungsabkommen mit der EU zugunsten Russlands abgelehnt hat. In Wirklichkeit will die breite Mehrheit einfach nur in Frieden leben, wie mir viele Menschen in der gesamten Ukraine bestätigen. Sie gehen nicht auf die Straße.

Wie erzeugen die NATO und Nuland – unter George W. Bush US-Botschafterin bei der NATO – den Eindruck, es handele sich um den Protest von Millionen? Indem sie die Neonazis des *Pravyj Sektor* (Rechter Sektor) organisieren und bezahlen, jene »Sicherheits«-Organisation, die mit der oppositionellen *Swoboda*-Partei in Verbindung steht und angeblich die militanten Demonstranten vor der ukrainischen Polizei schützt. Sie werden herumgekarrt, um friedliche Proteste in gewalttätige Zusammenstöße zu verwandeln, die dann passenderweise von vorab informierten westlichen Medien gefilmt werden.

Die amerikanische Zeitschrift TIME brüstete sich in einem Artikel sogar mit einem persönlichen Interview mit dem Führer der Neonazi-Möchtegern-»Revolutionäre« von *Pravyj Sektor,* Dmytro Jarosch: »Exklusiv: Führer der ukrainischen rechtsextremen militanten Gruppe spricht gegenüber TIME von Revolution«. »Rechtsextreme militante Gruppe«? Die Organisation *Pravyj Sektor* führt ihre Wurzeln auf den Zweiten Weltkrieg und Hitlers SS als antirussische Bewegung zurück. Es sind Neonazi-Terroristen und offensichtlich sind sie stolz darauf. TIME, eine amerikanische Mainstreamzeitschrift, versucht, sie als eine Art modern-romantischer Che-Guevara-Revolutionäre darzustellen.

Jetzt bestätigen mehrere Berichte aus der Ukraine, dass nicht nur Neonazis von *Pravyj Sektor* dafür bezahlt werden, im Land herumzureisen und Zusammenstöße bei friedlichen Protesten zu provozieren. Auch Demonstrationen von Hunderten ukrainischer Bürger vor der US-Botschaft in Kiew, die ein Ende der US-amerikanischen Einmischung fordern, werden von den NATO-Mainstreammedien ignoriert oder behandelt, als hätte es sie nicht gegeben.

Am 23. Januar demonstrierten Tausende ukrainischer Mitglieder einer neuen Organisation »Bürger von Kiew für eine saubere Stadt« vor der US-Botschaft und forderten ein Ende der Einmischung der USA in der Ukraine und der Unterstützung für die gewalttätigen Neonazis von *Pravyj Sektor.* Keine einzige westliche Fernseh- oder Rundfunkstation und keine Zeitung hielt es für nötig, über diese Demo zu berichten. Iwan Prozenko, Mitglied der »Bürger von Kiew für eine saubere Stadt«, erklärt: »Die USA stehen hinter den derzeitigen Ereignissen in Kiew.

Das muss aufhören. Deshalb sind wir hier, um der gesamten Welt zu sagen: USA – Stopp! USA – Wir brauchen Frieden.«[4]

Weiterhin berichten Ukrainer, dass es in Dnipropetrowsk, einer Stadt am Fluss Dnepr südwestlich der Hauptstadt Kiew, keine Demonstrationen gegen die Regierung gab. Alles war friedlich, bis ganze Busladungen bewaffneter Neonazis aus Kiew eintrafen, um gewalttätige Proteste zu inszenieren, die von zuvor benachrichtigten westlichen Mainstreammedien gefilmt wurden, um zu »zeigen«, dass es überall im Land Proteste gebe.

Die gesamte Nuland-*YouTube*-Affäre, die viele bereits als »Nulandgate« bezeichnen, ist keine kleine Peinlichkeit. Sie hat den Stein beiseite gerollt, der bisher das hässliche eingebettete Netzwerk von Neokonservativen aus Washington bedeckte, die hinter Staatsstreich und Regimewechsel stehen und sogar Neonazi-Terror unterstützen, um ihr Ziel, Russland zu zerstören und die Ukraine gleich mit, zu erreichen. Das ist es, was Bundeskanzlerin Merkel als »absolut inakzeptabel« bezeichnen sollte, und nicht Nulands Ausspruch »Fuck the EU«.

– 12. Februar 2014

Endnoten:

1 Gregor Peter Schmitz, »Fauxpas einer US-Diplomatin: ›Fuck the EU‹«, in: *Der Spiegel,* 6. Februar 2014, zu finden unter: *http://www.spiegel.de/politik/ausland/diplomatischer-fauxpas-von-obama-beraterin-nuland-fuck-the-eu-a-952005.html* (aufgerufen: Juli 2014).

2 »US Accuses Russia of Leaking Diplomat Conversation on Ukraine«, in: *RiaNovosti,* 7. Februar 2014, zu finden unter: *http://en.ria.ru/russia/20140207/187287869/US-Accuses-Russia-of-Leaking-Diplomat-Conversation-on-Ukraine.html* (aufgerufen: Juli 2014).

3 Ebd.

4 »Ukrainian Protesters Chant "Yankees Go Home"; Klitschko Warns of "More Deaths"«, in: *Blacklisted News,* 24. Januar 2014, zu finden unter: *http://www.blacklistednews.com/Ukrainian_Protesters_Chant_%22Yankees_Go_Home%22%3B_Klitschko_Warns_Of_%22More_Deaths%22/32310/0/38/38/Y/M.html* (aufgerufen: Juli 2014).

7

USA treiben verrückte Raketenstationierung gegen Russland voran

Trotz der jüngsten Bemühungen Russlands, eine friedliche Lösung der Krise um die syrischen Chemiewaffen in die Wege zu leiten, und trotz des Angebots, im Atomstreit zwischen dem Iran und Washington zu vermitteln, setzt die Obama-Regierung die provokative Stationierung ihrer Raketen-»Abwehr« (BMD, nach dem englischen »Ballistic Missile Defense«) im Umkreis Russlands fort. Dabei verschweigen uns westliche Politiker, dass diese alles andere als friedliche Aktion die Welt einem Atomkrieg durch Fehlkalkulation näher bringt als je zuvor.

Am 11. Februar erreichte der erste von vier modernen Zerstörern der USA den Marinestützpunkt Rota in Spanien. Die Zerstörer bilden einen entscheidenden Teil des US-kontrollierten Raketen-»Schirms«. Angeblich soll dieser Raketenschirm Europa vor einem möglichen iranischen Atomraketenangriff schützen. Die vier Schiffe, die laut Plan in den nächsten zwei Jahren vor Ort sein sollen, sind mit modernen Sensorgeräten und Abfangraketen bestückt, die nach NATO-Angaben Raketen erkennen und abschießen können.[1]

Die *USS Donald Cook*, ein Zerstörer der US-Marine, der mit dem hochmodernen *Aegis*-Raketenabwehrsystem ausgerüstet ist, ging im Hafen von Rota vor Anker. Nominell von einem spanischen Admiral befehligt, wird der Stützpunkt Rota vollständig von den USA finanziert. Auf dem Stützpunkt sind mehr Soldaten der *US Navy* und des *Marine*

Corps stationiert als auf irgendeinem anderen Stützpunkt in Spanien. Laut NATO-Generalsekretär Anders Fogh Rasmussen wird die *USS Donald Cook* dort dauerhaft stationiert.[2]

Rasmussen, der von Nuklearstrategie offenkundig nicht viel versteht, erklärte vor der Presse: »Die Ankunft der *USS Donald Cook* bedeutet für die NATO, für die europäische Sicherheit und für die transatlantische Zusammenarbeit einen Schritt nach vorn.« Beim Lissaboner NATO-Gipfel im November 2010 hatten sich die Regierungen der Mitgliedsländer darauf geeinigt, dass die NATO eine Raketenabwehr entwickelt, um »Bevölkerung und Territorien der europäischen NATO-Länder zu schützen. [...] Die volle Einsatzfähigkeit soll in der ersten Hälfte des nächsten Jahrzehnts erreicht sein«, so die NATO.[3]

Das Ziel ist Russland

Washington beteuert nach wie vor, die Stationierung der amerikanischen Raketenabwehr richte sich gegen mögliche iranische Raketenangriffe auf Europa. In Wirklichkeit ist sie – wie Moskau seit 2001, als die Bush-Regierung den Plan erstmals vorstellte, immer wieder betont – gegen die einzige Atomstreitmacht der Welt gerichtet, die in der Lage ist, auf einen Atomangriff der USA zu antworten, nämlich Russland.

Tatsächlich stand die Raketenabwehr (BMD) für US-Verteidigungsminister Donald Rumsfeld und für George W. Bush schon in den ersten Tagen von Bushs Präsidentschaft 2001 ganz oben auf der Tagesordnung. Sechs Monate vor den schockierenden Ereignissen des 11. September 2001 erläuterte der Präsident in einer absichtlich irreführenden Rede, warum die Welt amerikanische Raketenabwehrsysteme brauche. Der Präsident bestand damals, vor inzwischen fast 13 Jahren, darauf, der Aufbau des US-Raketenschirms sei nicht gegen Russland gerichtet: »Das heutige Russland ist nicht unser Feind.« Vielmehr werde das BMD-System ausschließlich gegen »Terroristen« und »Schurkenstaaten« wie den Irak, den Iran und Nordkorea gebraucht.

In Wirklichkeit verfügte, wie Experten aus Moskau, Peking oder Berlin betonten, kein »Terrorist« oder kleiner Schurkenstaat über die Fähigkeit, solche Atomraketen abzuschießen. Nach Einschätzung der US-Geheimdienste ist das bis heute nicht anders. Warum gibt Washington dann zig Milliarden, vielleicht sogar mehrere hundert Milliarden Dollar an Steuergeldern für die Entwicklung seines BMD-Systems aus?

Die Details der offiziellen Berichte über die US-Militärpolitik zeigten ohne jeden Zweifel, dass es seit dem Kollaps der Sowjetunion Washingtons bewusste und entschlossene Politik war, systematisch – über die Regierungszeit von vier US-Präsidenten hinweg – das Ziel eines atomaren Primats (einseitig zugesicherte Zerstörung) und der Fähigkeit zu absoluter weltweiter militärischer Dominanz zu verfolgen. Das Pentagon sprach von *Full Spectrum Dominance* (»Überlegenheit auf allen Ebenen«).

Atomares Primat der USA

Bei einem Interview mit der Londoner Zeitung *Financial Times* im Jahre 2006 erklärte die damalige US-Botschafterin bei der NATO und ehemalige Cheney-Beraterin Victoria Nuland – dieselbe, die heute wegen des Mitschnitts ihres Telefonats mit dem US-Botschafter in der Ukraine über den Umbau der Regierung in Kiew (»Fuck the EU«) blamiert ist –, die USA wünschten sich eine »weltweit einsetzbare militärische Streitmacht«, die überall operieren könnte, von Afrika bis zum Nahen und Mittleren Osten und darüber hinaus – »auf der ganzen Welt«.

Wie Nuland damals erklärte, bedeute dies auch Japan, Australien und alle NATO-Länder. Es sei »ein völlig anderes Ding«, im Original: »a totally different animal«. Sie bezog sich auf die Raketenabwehrpläne von Rumsfelds Pentagon.

Wie Atomstrategie-Experten damals, vor mittlerweile acht Jahren, warnten, würde die Stationierung selbst einer minimalen Raketenabwehr gemäß dem damals neuen CONPLAN [Krisenplan] 8022 des Pentagon den USA eine – im Jargon der Militärs – »Escalation Dominance« verschaffen. Gemeint ist damit die Fähigkeit, einen Krieg auf jeder denkbaren Ebene von Gewaltanwendung zu führen, auch einen Atomkrieg. Die Autoren eines bemerkenswerten Artikels in der Zeitschrift *Foreign Affairs* vom April 2006 schrieben:

> *Washingtons konstante Weigerung, sich eines Erstschlags zu enthalten, und die Entwicklung einer begrenzten Raketenabwehr des Landes nehmen eine neue und möglicherweise bedrohlichere Gestalt an. […] Die Fähigkeit, einen Atomkrieg zu führen, bleibt zentraler Bestandteil der Militärdoktrin der Vereinigten Staaten, und das atomare Primat bleibt Ziel der Vereinigten Staaten.*[4]

Anschließend zeigten die beiden Autoren des *Foreign-Affairs*-Artikels, Lieber und Press, die realen Folgen der gegenwärtigen Eskalation der Raketenabwehr in Europa (und gegen China und Japan) auf:

> *Die Art der Raketenabwehr, die die USA plausibel stationieren würden, wäre in erster Linie im offensiven, nicht im defensiven Kontext wertvoll – als Ergänzung zu einer Erstschlagfähigkeit der USA, nicht als isolierter Schutzschirm. Würden die Vereinigten Staaten einen atomaren Angriff auf Russland (oder China) richten, bliebe dem ins Visier genommenen Land nur ein winziges Arsenal übrig – wenn überhaupt. Dann könnte schon eine relativ bescheidene oder ineffiziente Raketenabwehr ausreichen, sich vor einem Vergeltungsschlag zu schützen.*[5]

Sie beendeten den Artikel mit der Feststellung:

> *Zum ersten Mal seit 50 Jahren stehen die Vereinigten Staaten heute an der Schwelle des atomaren Primats. Die Vereinigten Staaten werden womöglich schon bald in der Lage sein, mit einem Erstschlag das Langstreckenarsenal Russlands oder Chinas auszuschalten. Diese dramatische Veränderung im atomaren Machtgleichgewicht ist die Folge verschiedener Verbesserungen in den Nuklearsystemen der Vereinigten Staaten, dem jähen Niedergang von Russlands Arsenal und dem Schneckentempo der Modernisierung der chinesischen Atomstreitkräfte.*[6]

Es verwundert nicht, dass Russland darauf besteht, Washingtons Stationierung eines Raketenschirms – und nur Washington hat die Kontrolle über die Raketen in BMD-Stützpunkten – sei in höchstem Maße aggressiver Natur. Auf ernste russische Proteste antwortet Washington mit der immer hohler klingenden Lüge, der Raketen-»Schirm« in Europa sei gegen den Iran gerichtet.

Zusätzlich zu dem mit Raketen bestückten Zerstörer *USS Donald Cook* in Rota unterhalten die USA heute Raketenabwehrstützpunkte in der Türkei, Bulgarien, Polen und der Tschechischen Republik, die alle gegen Russland gerichtet sind. Da sich die russische Militärführung nach 1991 weigerte, die gesamte Atomstreitmacht abzubauen, bis sie von den USA die Zusicherung erhielt, das Gleiche zu tun, bedeutet jeder Schritt zur vollen Stationierung einer US-Raketenabwehr die Möglichkeit eines russischen präventiven Atomschlags gegen die Türkei, Bulgarien, Polen, die Tschechische Republik und jetzt auch Spanien sowie gegen die Atomsilos der USA, einschließlich derer, die sich in Deutschland befinden sollen. Wie dumm sind die Regierungen der EU-Staaten? Und wie dumm ist Washington?

2007 verhandelte Radek Sikorski als polnischer Verteidigungsminister über die Stationierung der US-Raketen auf polnischem Staatsgebiet. Heute spielt er als Außenminister Polens zusammen mit der Europabeauftragten des US-Außenministeriums Victoria Nuland eine Schlüsselrolle bei dem Versuch, die Ukraine von Russland loszubrechen und Russland dadurch weiter von der Welt zu isolieren. Dabei ist ihnen aber offensichtlich nicht bewusst, dass der russische Bär, auch wenn er schläft, immer ein Auge offen hält.

Die Pläne der Washingtoner Neokonservativen, Russland auf den chaotischen Scherbenhaufen einer Nation zu reduzieren, ist nicht gerade die intelligenteste Strategie, die Washington an den Tag legen könnte. Aber Neokonservative waren schließlich noch nie für ihre Intelligenz bekannt, sondern eher für ihre brutale Kriegsstrategie im Irak, in Afghanistan, Libyen, Syrien und jetzt vielleicht in einem potenziellen Dritten Weltkrieg, ausgelöst durch ihr Beharren auf einer Raketenabwehr, die gegen die russischen Atomstreitkräfte gerichtet ist.

– 19. Februar 2014

Endnoten:

1 »The *USS Donald Cook* Arrives in Spain to Support NATO Ballistic Missile Defence«, veröffentlicht am 11. Februar 2014 auf der offiziellen Website des *NATO HQ Public Affairs Office*, zu finden unter: *http://aco.nato.int/the-uss-donald-cook-arrives-in-spain-to-support-nato-ballistic-missile-defence.aspx* (aufgerufen: Juli 2014).
2 Ebd.
3 Ebd.
4 Keir A. Lieber & Daryl G. Press, »The Rise of U.S. Nuclear Primacy«, in: *Foreign Affairs*, März/April 2006, zu finden unter: *http://www.foreignaffairs.com/articles/61508/keir-a-lieber-and-daryl-g-press/the-rise-of-us-nuclear-primacy* (aufgerufen: Juli 2014).
5 Ebd.
6 Ebd.

8

Die Vergewaltigung der Ukraine: Phase zwei beginnt

Die Ereignisse in der Ukraine seit November 2013 sind dermaßen verwunderlich, dass man es kaum glauben mag. Ein rechtmäßig (wie alle internationalen Wahlbeobachter bestätigten) gewählter Präsident Wiktor Janukowytsch wird nach drei Monate langen gewalttätigen Protesten und terroristischen Morden durch eine sogenannte Opposition aus dem Amt vertrieben und wie ein Kriegsverbrecher zur Flucht gezwungen.

In den Augen der Anführer des Protests bestand sein »Verbrechen« darin, dass er ein Angebot der EU zu einem vage formulierten Assoziierungsabkommen, das der Ukraine nur wenige Vorteile geboten hätte, zugunsten eines konkreten Abkommens mit Russland, das dem Land die sofortige Senkung der Schuldenlast um 15 Milliarden Euro und Preisnachlässe für Gasimporte aus Russland gewährte, abgelehnt hat. An dem Punkt drehte Washington voll auf – und das Ergebnis heute ist eine Katastrophe.

Eine geheimnisumwobene paramilitärische neonazistische Organisation, der Verbindungen zur NATO nachgesagt werden, spielte eine entscheidende Rolle bei gezielten Angriffen von Scharfschützen und der Gewalt, die zum Zusammenbruch der gewählten Regierung führten. Doch für den Westen ist die Zerstörung der Ukraine damit noch nicht beendet. Jetzt tritt der Internationale Währungsfonds (IWF) mit strengen Auflagen als Vorbedingung für westliche Finanzhilfen auf den Plan.

Nach dem berühmten, öffentlich bekannt gewordenen Telefongespräch der Europabeauftragten des US-Außenministeriums Victoria Nuland mit dem amerikanischen Botschafter in Kiew, in dem sie detailliert darüber sprach, wen sie in einer neuen Koalitionsregierung in Kiew sehen wollte, und in dem sie die von der EU vorgeschlagenen Lösungen mit ihrem Kommentar »Fuck the EU« abkanzelte,[1] handelte die EU im Alleingang. Der deutsche Außenminister Frank-Walter Steinmeier schlug vor, gemeinsam mit seinem französischen Amtskollegen Laurent Fabius nach Kiew zu fliegen und dort zu versuchen, eine Beilegung der Gewalt zu erreichen, bevor die Lage weiter eskaliere. Polens Außenminister Radosław Sikorski wurde gebeten, sich ihnen anzuschließen. An den Gesprächen der EU-Delegation in Kiew waren neben Präsident Janukowytsch auch die drei Führer der Opposition und ein Vertreter Russlands beteiligt. Die USA waren nicht eingeladen.

Die Intervention der EU ohne Washington war ungewöhnlich und macht die zunehmende Spaltung zwischen beiden in den letzten Monaten deutlich. Tatsächlich war es die EU, die dem US-Außenministerium sagte: »F*** the US«, wir nehmen das hier selbst in die Hand.

Nach einer harten Gesprächsrunde einigten sich alle großen Parteien, einschließlich der Vertreter der Mehrheit der Demonstranten, auf neue Präsidentschaftswahlen im Dezember, die Rückkehr zur Verfassung von 2004 und Julija Tymoschenkos Freilassung aus dem Gefängnis. Der Kompromiss schien das monatelange Chaos zu beenden und für alle wichtigen Beteiligten ein gangbarer Weg zu sein. Der diplomatische Kompromiss hielt nicht einmal für zwölf Stunden. Dann brach die Hölle los.

Scharfschützen begannen am 22. Februar, in die Menge auf dem Majdan-Platz (Platz der Unabhängigkeit) zu schießen.[2] Es folgte eine Panik, und die Polizeieinheit zog sich in Panik zurück, wie Augenzeugen berichten. Ohne Begründung scherte der Oppositionsführer Witalij Klytschko aus der erzielten Einigung aus. Janukowytsch floh aus Kiew. Die bisher nicht beantwortete Frage lautet: Wer hat die Scharfschützen eingesetzt? Nach Angaben altgedienter amerikanischer Geheimdienstquellen kamen sie aus einer ultrarechten paramilitärischen Organisation, die unter dem Namen »Ukrainische Nationalversammlung – Selbstverteidigung des Ukrainischen Volkes« (UNA-UNSO) bekannt ist.

Seltsame ukrainische »Nationalisten«

Der Führer der UNA-UNSO, Andrij Schkil, wurde vor zehn Jahren Berater Julija Tymoschenkos. Während der von den USA angezettelten »Orangen Revolution« von 2003/2004 unterstützte die UNA-UNSO den Pro-NATO-Kandidaten Wiktor Juschtschenko gegen seinen pro-russischen Widersacher Janukowytsch. Mitglieder von UNA-UNSO stellten 2003/2004 das Sicherheitspersonal für Juschtschenko und Julija Tymoschenko auf dem Platz der Unabhängigkeit in Kiew.[3] Berichten zufolge unterhält die UNA-UNSO auch enge Verbindungen zur deutschen Nationaldemokratischen Partei (NPD).[4]

Seit der Auflösung der Sowjetunion im Jahr 1991 standen Mitglieder der paramilitärischen UNA-UNSO hinter jeder Revolte gegen den Einfluss Russlands. Der rote Faden in allen ihren gewalttätigen Kampagnen ist stets ihre feindliche Haltung zu Russland. Die Organisation ist laut altgedienten US-Geheimdienstquellen Teil einer geheimen »Gladio«-Organisation und nicht die nationalistische ukrainische Gruppe, als die sie in den westlichen Medien dargestellt wird.[5]

Nach Angaben dieser Quellen war UNA-UNSO (offiziell bestätigt) in die Ereignisse in Litauen im Winter 1991, in den sowjetischen Coup d'État im Sommer 1991, den Krieg für die Republik Transnistrien 1992, den gegen Moskau gerichteten Abchasien-Krieg 1993, den Krieg in Tschetschenien, die von den USA organisierte Kosovo-Kampagne gegen Serbien und den Krieg von 2008 in Georgien involviert. Diesen Berichten zufolge waren paramilitärische Kräfte der UNA-UNSO in jeden schmutzigen Krieg der NATO in der Zeit des Kalten Krieges involviert, und zwar immer im Interesse der NATO. »Diese Leute sind die gefährlichen Söldner, die überall auf der Welt eingesetzt werden, um die schmutzigen Kriege der NATO zu führen und das dann Russland in die Schuhe zu schieben, denn diese Gruppe gibt sich als ›russische Spezialeinheiten‹ aus. DAS SIND DIE ›BAD GUYS‹, vergesst die Nationalisten, die nur Schaufensterdekoration sind, das hier sind die Männer hinter den Scharfschützenattacken«, betonen diese Quellen.[6]

Wenn es stimmt, dass UNA-UNSO keine »ukrainische« Opposition ist, sondern vielmehr eine hochgeheime NATO-Kraft,[7] die die Ukraine als Basis benutzt, so würde das die Vermutung nahelegen, dass der Friedenskompromiss der EU mit den Gemäßigten wahrscheinlich durch einen der wichtigen Player sabotiert wurde, die von den diplomatischen Gesprächen am 21. Februar in Kiew ausgeschlossen waren – Victoria

Nulands *US State Department*. Sowohl Nuland als auch der rechtsgerichtete republikanische US-Senator John McCain unterhielten Kontakt zur ukrainischen oppositionellen *Swoboda*-Partei,[8] deren Vorsitzender offen antisemitisch ist und die Taten des Führers einer ukrainischen Galizien-Division der SS im Zweiten Weltkrieg verteidigt. Die Partei wurde 1995 offiziell gegründet; sie nannte sich ursprünglich »Sozial-Nationale Partei der Ukraine« und verwendete ein hakenkreuzähnliches Emblem. *Swoboda* ist der Wahlarm neofaschistischer Organisationen in der Ukraine wie UNA-UNSO.[9]

Ein weiteres Anzeichen dafür, dass Nuland bei den jüngsten Ereignissen in der Ukraine die Hand im Spiel hatte, ist die Tatsache, dass erwartet wird, dass das neue ukrainische Parlament Nulands Favoriten, Arsenij Jazenjuk aus Tymoschenkos Partei, zum Übergangsvorsitzenden des neuen Kabinetts nominieren wird.

Wie immer die endgültige Wahrheit auch aussieht, klar ist, dass Washington eine neue wirtschaftliche Vergewaltigung der Ukraine vorbereitet, und zwar durch seine Kontrolle über den Internationalen Währungsfonds (IWF).

Plünderung der ukrainischen Kronjuwelen durch den IWF

Jetzt, wo die »Opposition« einen rechtmäßig gewählten Präsidenten ins Exil an einen unbekannten Ort vertrieben und die nationale Polizeieinheit *Berkut* aufgelöst hat, verlangt Washington, dass sich die Ukraine den harten Bedingungen des IWF unterwirft.

Bei Verhandlungen im letzten Oktober forderte der IWF von der Ukraine die Verdoppelung der Preise für Gas und Strom für Industrie und Haushalte, die Aufhebung des Verbots des privaten Verkaufs von fruchtbarem ukrainischem Ackerland, eine Reform der wirtschaftlichen Beteiligungen, die Abwertung der Währung, die Kürzung der staatlichen Hilfen für Schulkinder und Senioren – alles, um den »Haushalt auszugleichen«. Als Gegenleistung sollte die Ukraine kümmerliche vier Milliarden Dollar erhalten.

Vor dem Sturz der moskaunahen Janukowytsch-Regierung in der vergangenen Woche war Moskau bereit gewesen, ukrainische Staatsanleihen in Höhe von 15 Milliarden Dollar aufzukaufen und die Preise für Gas um ein Drittel zu senken. Verständlicherweise wird Russland solche Unterstützung jetzt nicht gewähren. Es war die wirtschaftliche Kooperation zwischen der Ukraine und Moskau, die Washington um jeden Preis sabotieren wollte. Das Drama ist längst noch nicht vorüber. Auf dem Spiel stehen die Zukunft Russlands, die Beziehungen zwischen Russland und der EU und die globale Macht Washingtons, oder zumindest der Fraktion in Washington, die zukünftige Kriege als das Hauptinstrument der Politik betrachtet.

– 2. März 2014

Endnoten:

1 Siehe Kapitel 5 in diesem Buch: »US-Außenministerium in flagranti über Regimewechsel in der Ukraine ertappt«.
2 Jessica Best, »Ukraine protests: Snipers 'firing live rounds at demonstrators' as fresh violence erupts despite truce«, in: *Mirror,* 20. Februar 2014, zu finden unter: *http://www.mirror.co.uk/news/world-news/ukraine-protests-snipers-firing-live-3164828#ixzz38keoIiKM* (aufgerufen: Juli 2014).
3 Aleksandar Vasovic, »Far-right group flexes during Ukraine "revolution"«, in: *The Seattle Times,* 3. Januar 2005, zu finden unter: *http://community.seattletimes.nwsource.com/archive/?date=20050103&slug=ukraine03* (aufgerufen: Juli 2014).
4 Siehe *Wikipedia*-Eintrag: *http://en.wikipedia.org/wiki/Ukrainian_National_Assembly_-_Ukrainian_National_Self_Defence* (aufgerufen: Juli 2014).
5 Quellenbericht, »Who Has Ukraine Weapons«, 27. Februar 2014, privat an den Autor.
6 Ebd.
7 Max Blumenthal *(Alternet)*: »Is the US backing neo-Nazis in Ukraine?«, in: *Salon,* 25. Februar 2014, zu finden unter: *http://www.salon.com/2014/02/25/is_the_us_backing_neo_nazis_in_ukraine_partner/* (aufgerufen: Juli 2014).
8 »Far-right group at heart of Ukraine protests meet US senator«, in: *Channel 4 News,* 16. Dezember 2013, zu finden unter: *http://www.channel4.com/news/ukraine-mccain-far-right-svoboda-anti-semitic-protests* (aufgerufen: Juli 2014).
9 Ebd.

9

NATO setzt beim Putsch in der Ukraine nachweislich Bandera-Scharfschützen ein

Zwei brisante Geheimdienstinformationen, die abgehört oder gehackt und ins Internet gestellt wurden, bestätigen frühere Anschuldigungen, wonach der Westen ukrainische »Bandera-Nazis« der UNA-UNSO *(Ukrainian National Assembly – Ukrainian National Self Defence Organization)* einsetzt, die den Putsch ausführen. Die Organisation gilt als geheime »Gladio«-Kommandodivision in der westlichen Ukraine in der Region Lwiw (Lemberg).

In einem mitgeschnittenen Telefonat zwischen dem Außenminister Estlands und der EU-Außenbeauftragten Catherine Ashton ist die Rede von gerichtsmedizinischen Beweisen dafür, dass die Schüsse auf die oppositionellen Demonstranten auf dem Majdan-Platz und auf die Polizisten aus denselben Scharfschützengewehren abgefeuert wurden. Die Attacke löste eine Panik aus, sie durchkreuzte die von der EU ausgehandelte diplomatische Lösung in der Ukraine und führte vor wenigen Tagen zum NATO-gestützten Staatsstreich.

Jetzt veröffentlicht die ukrainische Hackerorganisation *Anonymous Ukraine* den Text einer gehackten E-Mail des Bandera-Nazis Andrij Tarasenko, stellvertretender Vorsitzender der ukrainisch-nationalistischen Partei »Stepan-Bandera-Dreizack« und Koordinator der Gruppe »Rechter Sektor« *(Pravyj Sektor)*, die einen Guerillakrieg gegen die

Janukowytsch-Regierung führte und in den vergangenen Wochen mit Molotowcocktails tödliche Attacken gegen Polizisten auf dem Majdan-Platz richtete.

Rolle als Bandera-Nazi enthüllt

Am 28. Januar 2014 veröffentlichte *Anonymous Ukraine*, eine Untergrund-Hacker-Organisation, den Text einer gehackten E-Mail-Korrespondenz zwischen Andrij Tarasenko und dem stellvertretenden Vorsitzenden der Mejlis [Selbstvertretung] der Krimtataren, Aslan Omer Kirimli. Darin bittet Kirimli Tarasenko um bessere Waffen und Information über die Lage von Waffenlagern in Kertsch, Feodossija, Simferopol, Sewastopol und Jalta. Die E-Mail wurde unabhängig bestätigt, sie scheint authentisch zu sein. Tarasenko schreibt: »Alles läuft nach Plan. Wir sind bereit für den zweiten Akt« – ein Beweis dafür, dass alles sorgfältig geplant war und kein »spontaner« Protest für eine EU-Mitgliedschaft. Tarasenko fährt fort: »Wie letzte Woche vereinbart, stehen meine Leute zusammen mit unseren Brüdern von der ›Karpatska Sitsch‹ und der UNA-UNSO auf Befehl bereit, die Instrumente zu nehmen, wo sie gebraucht werden.«

Und weiter: »Ja, da ist noch eine Anfrage. Es gibt sehr viel Wild (d. h. Polizeikräfte der Regierung). Wir brauchen mehr Jagdausrüstung, Helme und Stöcke. Vergiss nicht das Soda in Glasflaschen und den Treibstoff dafür. Auch mehr Gasmasken und Erste-Hilfe-Material wäre nicht schlecht. [...] Alles, was wir von euch brauchen, sind die Koordinaten der Lager in Simferopol, Sewastopol, Kertsch, Feodossija und Jalta und die Zeiten, die wir einhalten müssen.«[1]

Damit ist bestätigt, dass die paramilitärischen Bandera-Nazi-Kräfte lange vor den gewalttätigen Angriffen auf die Polizeikräfte der Regierung im Februar, die die Unruhen in der Ukraine bis hin zum Putsch aufheizten, über sorgfältig versteckte Waffenlager in der gesamten Ukraine verfügten, einschließlich der Krim, Sitz eines wichtigen russischen Marinestützpunkts.

Bandera-Nazis: UNA-UNSO

Bei der UNA-UNSO handelt es sich um eine in der Ukraine ansässige paramilitärische Organisation, die als NATO-»Gladio«-Terrortruppe identifiziert wurde. Sie kam bei jedem »schmutzigen Krieg« der NATO seit dem Zusammenbruch der Sowjetunion im Jahr 1991 zum Einsatz, in Tschetschenien gegen russische Soldaten genauso wie in Russland auf der Seite von Boris Jelzins Putsch. Andrij Schkil, der Führer der UNA-UNSO, wurde vor zehn Jahren Berater Julija Tymoschenkos.

Während der »Orangen Revolution« von 2003 bis 2004 unterstützte die UNA-UNSO den Pro-NATO-Kandidaten Wiktor Juschtschenko gegen seinen prorussischen Kontrahenten Janukowytsch. Im gleichen Zeitraum Zeit stellte die UNA-UNSO das Sicherheitspersonal für die Unterstützer Juschtschenkos und Tymoschenkos auf dem Unabhängigkeitsplatz. Der UNA-UNSO werden auch enge Beziehungen zur deutschen NPD nachgesagt. Seit der Auflösung der Sowjetunion 1991 standen Mitglieder der paramilitärischen UNA-UNSO hinter jeder Revolte gegen den Einfluss Russlands. Der rote Faden in ihren gewalttätigen Kampagnen ist stets ihre antirussische Haltung.[2]

Dieselben Scharfschützen schossen auf Polizisten und Demonstranten

Unter den neuen Enthüllungen aus der Ukraine ist eine ganz besonders beängstigend: der am 5. März veröffentlichte Mitschnitt eines Telefongesprächs zwischen der EU-Außenbeauftragten Catherine Ashton in Brüssel und dem estnischen Außenminister Urmas Paet in Kiew über die Frage, wie die Lage in der Ukraine stabilisiert werden könnte. In dem Mitschnitt, ungefähr sieben Minuten nach Beginn des Gesprächs, berichtet Paet, eine medizinische Untersuchung habe ergeben, dass am 22. Februar dieselben Scharfschützen auf Demonstranten und Polizisten geschossen hätten. Eine erstaunliche Enthüllung!

Die Attacken der Scharfschützen lösten eine Massenpanik aus und führten zum Kollaps des diplomatischen Kompromisses, den Deutschland, Polen und Frankreich im Namen der EU, aber ohne Washington ausgehandelt hatten. Ashton fragt nicht einmal nach oder reagiert sonstwie merklich auf den sensationellen Bericht, was vermuten lässt, dass sie bereits Bescheid wusste. Hören Sie sich den gesamten Mitschnitt an.[3]

In seinem Bericht zitiert Paet eine ukrainische Ärztin, die nur Olga genannt wird und die als zukünftige Gesundheitsministerin gehandelt wird. Die Ärztin informierte Paet über die Beweise dafür, dass dieselben Scharfschützen sowohl auf Demonstranten als auch auf Polizisten geschossen hätten, und Paet erklärt Ashton, hinter den Scharfschützen stünden Mitglieder der neuen Koalition und nicht die Regierung Janukowytsch.

Weiter berichtet er, die Mediziner und Augenzeugen vor Ort hätten bestätigt, dass dieselbe Gruppe auf die Polizeieinheiten der Regierung und die Demonstranten geschossen habe. Sie werden hören, wie Ashton den Bericht zur Kenntnis nimmt, aber nicht nachfragt, sondern umgehend das Thema wechselt.

Nehmen wir diese beiden Enthüllungen zusammen mit dem bereits früher an die Öffentlichkeit gelangten Mitschnitt eines Telefonats der Europa-Beauftragten des US-Außenministeriums, Victoria Nuland, in dem sie darüber spricht, wen sie in der neuen Regierung der Ukraine sehen möchte, gefolgt von dem säuerlichen »Fuck the EU«, so wird deutlich, dass Russlands Präsident Putin nicht übertreibt, wenn er den Westen und die NATO beschuldigt, einen Staatsstreich in der Ukraine zu betreiben.

– 9. März 2014

Endnoten:

1 John Robles, »Anonymous operations expose Ukrainian Bandera nazis«, in: *The Voice of Russia*, 28. Februar 2014, zu finden unter: *http://voiceofrussia.com/2014_02_28/Anonymous-operations-expose-Ukrainian-Bandera-nazis-9458/* (aufgerufen: Juli 2014).

2 Siehe Kapitel 8 in diesem Buch: »Die Vergewaltigung der Ukraine: Phase zwei beginnt«.

3 »Baronesse Ashton & Urmas Paet – Das abgehörte Telefonat – Deutsch«, zu finden unter: *https://www.youtube.com/watch?v=cVF89aYoMzY* (aufgerufen: Juli 2014).

4 a.a.O.

10

Ukraine ernennt Oligarchen und Gangster zu Gouverneuren und Ministern

Die neue, selbsternannte Regierung der Ukraine reorganisiert alle Institutionen der Macht, löst die Sonderpolizeieinheiten auf und beruft ihre Kumpane auf wichtige politische Posten. Ganz besonders erhellend für den wahren Charakter des neuen Regimes ist die Ernennung neuer Gouverneure, die die politische Vertretung von Regionen der Ukraine übernehmen sollen. Darunter sind israelisch-ukrainische Staatsbürger und berüchtigte Gangster-Milliardäre. Das ist anscheinend die »Demokratie«, die die Europabeauftragte des US-Außenministeriums, Victoria Nuland, im Sinn hatte, als sie frühere Kompromisse der EU mit dem knappen Kommentar »Fuck the EU« zurückwies.

Jetzt die Zerstörung der Wirtschaft

Die nicht gewählte provisorische Regierung der Ukraine unter Führung des 39-jährigen Ministerpräsidenten Arsenij Jazenjuk hat wichtige Gouverneure in den Industrieregionen der prorussischen östlichen Ukraine ernannt. Darunter sind drei Milliardäre, die zu den reichsten Männern der Ukraine zählen. Sie übernehmen wichtige regionale politische Posten oder werden als Berater fungieren. Ihor Kolomojskyj, ein Metall-, Banken- und Medienbaron mit einem geschätzten Vermögen von drei bis sechs Milliarden Dollar, wird neuer Gouverneur seiner Heimatregion Dnipropetrowsk. Seine Milliarden machte er als Kumpan der wegen Betrugs angeklagten Ex-Ministerpräsidentin Julija Tymoschenko. Er ist ein Business-Oligarch jüdischer Herkunft mit doppelter israelisch-ukrainischer Staatsbürgerschaft, obwohl eine doppelte Staatsbürgerschaft in der Ukraine nicht anerkannt wird. Bisher hat er sein Geschäftsimperium aus der Schweiz regiert. Er ist der führende Partner der *Privat*-Gruppe.

Serhij Taruta, auf der Liste der reichsten Männer der Ukraine auf Platz 16, wurde zum Verantwortlichen für die strategisch wichtige Kohleregion Donezk ernannt. Serhij Taruta ist ein ukrainischer Geschäftsmann, Vorsitzender der »Industrienation Donbas« und Präsident des Fußballvereins *FK Metalurh Donezk*. Laut *Forbes Magazine* zählt er zu den 500 reichsten Personen der Welt, sein Vermögen wird auf ungefähr zwei Milliarden US-Dollar geschätzt.

Am bedenklichsten ist die Rolle des reichsten Mannes der Ukraine, des Milliardärs Rinat Achmetow, ehemals finanzieller Unterstützer Janukowytschs. Achmetow hat versprochen, »alles dafür zu tun, dass die Integrität unseres Landes erhalten bleibt«. Achmetow, dessen Beteiligungsgesellschaft *System Capital Management* (SCM) fast die Hälfte des Kohle-, Stahl-, Erz- und Thermoelektrizitätssektors beherrscht, wird mit einem geschätzten Nettovermögen von 15,4 Milliarden US-Dollar auf Platz 47 der reichsten Männer der Welt geführt. Sein Vermögen soll er angeblich durch Verbindungen zum organisierten Verbrechen in den 1990er-Jahren gemacht haben. Am 2. März 2014 veröffentlichte Achmetow eine Erklärung, in der es heißt: »Ich erkläre in vollem Bewusstsein meiner Verantwortlichkeit, dass die SCM-Gruppe, die heute 300 000 Mitarbeiter beschäftigt und die Ukraine von West bis Ost und von Nord bis Süd repräsentiert, alles nur Mögliche tun wird, um die Integrität unseres Landes zu erhalten.«

Laut dem englischsprachigen *Wikipedia*-Eintrag war Achmetow »Vollstrecker« und »Führer« von Achat Bragins »Tatar«-Clan oder Mafia, verantwortlich für den Einsatz von »Mafia-Methoden, um die ›roten Direktoren‹ der Industrienation Donbas beiseitezuschieben«.

Auch ein brisantes Kabinett …

Das neue »Übergangs«-Kabinett von Arsenij Jazenjuk passt in ein ähnliches Muster von Oligarchen, Gangstern und Korruption. Dazu gehört Andrij Parubij als neuer Vorsitzender des nationalen Sicherheits- und

Verteidigungsrats der Ukraine. Parubij leitete den Aufstand gegen die Regierung. Als sein Stellvertreter bei der nationalen Sicherheit ist der Führer des neofaschistischen Rechten Sektors *(Prawyj Sektor)*, Dmytro Jarosch, im Gespräch.

Die Zahl der Mitglieder des Rechten Sektors wird auf 5000 geschätzt; sie waren an den schlimmsten Gewaltausbrüchen auf dem Majdan-Platz beteiligt und waren angeblich für die Attacken von Scharfschützen auf Polizisten und Demonstranten verantwortlich, die am 22. Februar zum Putsch führten. Zu den Mitgliedern des Rechten Sektors zählt die Organisation *Ukrainian National Assembly – Ukrainian National Self-Defence* (UNA-UNSO), die Berichten zufolge Verbindungen zur NATO unterhält und seit 1991 für deren »schmutzige Kriege« in Tschetschenien, Georgien und anderen Ländern eingesetzt wurde. Wie *Haaretz*, die älteste Zeitung Israels, berichtet, verteilte der Rechte Sektor auf dem Majdan-Platz Übersetzungen von *Mein Kampf* und den *Protokollen der Weisen von Zion*.

1991, mit Beginn der Unabhängigkeit der Ukraine von Russland, gründete Parubij, der neue Vorsitzende des nationalen Sicherheits- und Verteidigungsrats, die neonazistische Sozial-Nationale Partei der Ukraine. Mit von der Partie war Oleh Tjahnybok, der Vorsitzende der *Swoboda*-Fraktion, der jetzt als Abgeordneter im neuen ukrainischen Parlament sitzt. Jarosch ist seit 2005 auch Vorsitzender der neofaschistischen Organisation *Stepan Bandera Trysub*. Auf deren Website veröffentlichte Jarosch einen Appell an Doku Umarow, den Führer der tschetschenischen Terror-Guerilla mit Verbindungen zu *al-Qaida*, die Ukraine zu unterstützen.

Swoboda ist eine rechtsextreme Partei, im Wesentlichen faschistisch und antisemitisch. Ihr früherer Name, »Sozial-Nationale Partei der Ukraine«, ist vielsagend. Die *Swoboda*-Partei besetzt sechs wichtige Ministerposten in der Regierung von Arsenij Jazenjuk. Tjahnybok, ihr Vorsitzender, hat sich in der Vergangenheit in Reden abfällig über Juden geäußert; 2005 forderte er in einem Brief an den Präsidenten eine Untersuchung des »organisierten Judentums und der Kriminalität in der Ukraine«. *Swoboda* gehört zu einer Allianz europäischer Neofaschisten,[1] der Allianz europäischer nationaler Bewegungen, der die französische *Front National*, die britische *National Party* und Ungarns *Jobbik* angehören.

Zu den Schlüsselpositionen, die die *Swoboda*-Partei jetzt bekleidet, zählt das Amt des Generalstaatsanwalts. Der stellvertretende

Ministerpräsident Oleksandr Sytsch gehört der *Swoboda* an, er wird Verantwortung für wichtige wirtschaftliche Bereiche übernehmen. Außerdem kontrolliert *Swoboda* das Umweltministerium und das wichtige Landwirtschaftsministerium. Wegen des entstandenen Chaos ist die Maisernte in Gefahr. Die Ukraine ist der drittgrößte Maisexporteur der Welt. Der Innenminister, Arsen Awakow, wurde der illegalen Privatisierung von Land und des Machtmissbrauchs beschuldigt, die bisherige Regierung ermittelte gegen ihn, sodass er nach Italien fliehen musste.[2]

Ein neuer Kreis der Korruption schließt sich mit Jurij Prodan als Energieminister, ein Posten, der in der Ukraine auf Skepsis stieß, weil er mit der *Privat*-Gruppe des umstrittenen Milliardärs Ihor Kolomojskyj in Verbindung steht. Auch Oleksandr Schlapak, der neue Finanzminister, ehemaliger Vizechef von Kolomojskyjs *PrivatBank*, ist Vertreter der Kolomojskyj-Gruppe.

Das ist das Resultat des von den USA in die Wege geleiteten Putsches in der Ukraine. Mit den Finanzhilfen der EU und der USA, die daran gebunden sind, dass die ukrainische Regierung die drastische Sparpolitik des IWF und die Privatisierungen, gekoppelt mit der Forderung nach Beendigung der Subventionierung des Gaspreises, unterstützt, erwartet die neue Regierung eindeutig die nächste Vergewaltigung der unglücklichen Ukrainer.

Sollten die Menschen in den USA, angeblich Förderer der Demokratie, angesichts der Gangster und Mörder, die durch ihre Politik nach Kiew gebracht wurden, nicht besorgt sein? Der amerikanisch-polnische Sicherheitsstratege Zbigniew Brzeziński brachte es bereits 1997 auf den Punkt:

> *Die Ukraine, ein neuer und wichtiger Raum auf dem eurasischen Schachbrett, ist ein geopolitischer Dreh- und Angelpunkt, weil ihre bloße Existenz als unabhängiger Staat zur Umwandlung Russlands beiträgt. Ohne die Ukraine ist Russland kein eurasisches Reich mehr. Es kann trotzdem nach einem imperialen Status streben, würde aber dann ein vorwiegend asiatisches Reich werden, das aller Wahrscheinlichkeit nach in lähmende Konflikte mit aufbegehrenden Zentralasiaten hineingezogen würde, die … von den anderen islamischen Staaten im Süden Unterstützung erhalten würden. […] Sollte Moskau allerdings die Herrschaft über die Ukraine mit ihren 52 Millionen Menschen, bedeutenden Bodenschätzen und*

dem Zugang zum Schwarzen Meer wiedergewinnen, so würde Russland automatisch die Mittel erlangen, ein mächtiges, Europa und Asien umspannendes Reich zu werden.[4]

– 11. März 2014

Endnoten:

1 Jessica Elgot, »Ukraine's New Leaders: From Neo-Nazis To A Muslim, A Jew And A Heavyweight Boxer«, in: *The Huffington Post*, 3. März 2014, zu finden unter: *http://www.huffingtonpost.co.uk/2014/03/03/ukraine-government_n_4889063.html?utm_hp_ref=uk* (aufgerufen: Juli 2014).
2 Katja Gortschinskaja, »The not-so-revolutionary new Ukraine government«, in: *KyivPost*, 27- Februar 2014, zu finden unter: *http://www.kyivpost.com/opinion/op-ed/katya-gorchinskaya-the-not-so-revolutionary-new-ukraine-government-337768.html?flavour=full* (aufgerufen: Juli 2014).
3 Ebd.
4 Zbigniew Brzeziński, *The Grand Chessboard; Basic Books*, New York, 1997, S. 46.

11

Steckt Putin in einer NATO-Bärenfalle?

Hat die NATO den russischen Präsidenten Putin in eine Bärenfalle gelockt? Wenn ja, welche Optionen bestehen dann, Russlands Souveränität zu erhalten? Nur selten hat es die Welt erlebt, dass so viele Krisenherde gleichzeitig explodierten. In Venezuela ist eine US-unterstützte Farbenrevolution im Gang, mit der die sozialistische Regierung zugunsten eines freimarktwirtschaftlich orientierten US-Stellvertreterregimes gestürzt werden soll. Nigeria, die Zentralafrikanische Republik und Mali sind in Aufruhr. China ist mit einer US-unterstützten japanischen Kampfansage über ein paar strategisch wichtige Inseln konfrontiert. Doch das zentrale Ziel bei all diesen Entwicklungen ist Putins Russland, die einzige Macht der Welt, die der US-Nuklearstreitmacht etwas entgegensetzen kann. Jetzt steht Russland vor dem größten Albtraum – ein Zweifrontenkrieg, ähnlich wie Deutschland 1914.

Dass der US-Angriff auf die Ukraine einen direkten strategischen Angriff auf die Sicherheit Russlands darstellt, ist gut dokumentiert. Die Tatsache, dass Washington unverhüllt und direkt an dem Putsch gegen den demokratisch gewählten ukrainischen Präsidenten Wiktor Janukowytsch zugunsten handverlesener Marionetten einschließlich Neonazi-Schlägern des Rechten Sektors beteiligt war, ist ebenfalls gut dokumentiert.[1]

Am 15. März werden die Bürger der Autonomen Republik Krim in einem Referendum über die Zukunft der Krim abstimmen. Die Insel ist der heutigen Ukraine angegliedert, war aber bis 1954 ungefähr 250 Jahre lang ein integraler Teil Russlands und ist heute Hauptstützpunkt der russischen Schwarzmeerflotte.

Für den Fall, dass das Referendum zugunsten Russlands ausfällt, haben die USA und Europa ernste Konsequenzen angekündigt. Bisher sind dazu auffallend wenige Einzelheiten bekannt gegeben worden. Eine gehackte E-Mail des stellvertretenden US-Militärattachés in Kiew deutet darauf hin, dass die Kriegsfraktion in Pentagon und CIA eine »Operation unter falscher Flagge« auf ukrainische Militäranlagen in der Ostukraine plant, um diese Russland in die Schuhe schieben zu können und die NATO zu militärischer Hilfe aufzurufen.[2] Was immer in den nächsten Tagen geschieht, klar ist, dass Wladimir Putin und seine führenden Berater auf die sich zuspitzende Lage in der Ukraine und kaum etwas anderes fixiert sind.

Die Ukraine als Ablenkungsmanöver?

Unterdessen gibt es wachsende Beweise dafür, dass dieselbe Kriegsfalken-Fraktion im Pentagon einen neuen massiven Angriff auf Damaskus plant, um Baschar al-Assad, einen engen Verbündeten Putins, zu stürzen und durch den von Saudi-Arabien erkorenen Führer Ahmad al-Dscharba von der Nationalen Koalition der syrischen Revolutions- und Oppositionskräfte zu ersetzen. Al-Dscharba ist Führer des einflussreichen Schammar-Stammes, dessen Zweige bis nach Irak und Saudi-Arabien reichen.

Wie der erfahrene *Washington-Post*-Autor David Ignatius berichtet,[3] kam es Mitte Februar in Washington zu einem Geheimtreffen der Geheimdienstchefs Saudi-Arabiens, Jordaniens, der Türkei, Katars und anderer regionaler Schlüsselländer. Anwesend war auch Susan Rice, Obamas Beraterin für nationale Sicherheit.

Ignatius bestätigte frühere israelische Gerüchte, wonach der umstrittene saudi-arabische Prinz Bandar gefeuert wurde.[4] Bandar wird vorgeworfen, im August letzten Jahres *al-Qaida*-Terroristen in Syrien chemische Waffen für eine weitere Operation unter falscher Flagge gegeben zu haben, mit der es beinahe gelungen wäre, Obama zu einer militärischen Invasion in Syrien zu veranlassen. Prinz Mohammed bin Naif, der Innenminister Saudi-Arabiens, wird jetzt als neuer Geheimdienstchef die Aufsicht über die führende Rolle des Königreichs bei dem verdeckten Syrien-Programm übernehmen.

Am 18. Februar, nur wenige Tage nach dem Geheimtreffen zwischen Washington und Saudi-Arabien, deutete Präsident Obama bei einem Treffen mit dem jordanischen König Abdullah II. an, er sei bereit, »mehr Druck« auf Assad auszuüben, einschließlich der Lieferung schlagkräftigerer Waffen wie Flugabwehrraketen an die Rebellen. Auch Luftangriffe seien möglich, aber noch nicht beschlossen.[5] Seit 2012 nutzen die USA Camps in Jordanien und der Türkei zur Ausbildung regierungsfeindlicher syrischer Kämpfer. Bedeutsam ist auch, dass Washington nach einem Beinahe-Abbruch der amerikanisch-saudi-arabischen Beziehungen wegen Obamas in letzter Minute getroffener Entscheidung gegen ein militärisches Eingreifen in Syrien und für einen diplomatischen Dialog mit dem Iran die enge Zusammenarbeit wieder aufgenommen hat. Das beweist auch die Entlassung Prinz Bandars.

Wie die israelische Zeitung *Haaretz* in ihrer Ausgabe vom 24. Februar berichtete,[6] unterstützen die USA, Saudi-Arabien und Jordanien die Anti-Assad-Rebellen bei der Planung einer neuen Attacke auf Syrien, die im Süden beginnen und sich bis Damaskus ausdehnen soll. Nach Angaben derselben Quellen plant Israel, sich an der geplanten neuen Attacke zu beteiligen.

Wenn diese Berichte zutreffen, droht die Gefahr, dass Washington und seine Stellvertreter im Nahen und Mittleren Osten die Attacke gegen Assad massiv eskalieren, während Putin und das russische Militär vollständig auf eine eskalierende Krise in der Ukraine an der eigenen Grenze konzentriert sind. Würde Russland die Marinebasis Tarsus in Syrien und den Stützpunkt der Schwarzmeerflotte auf der Krim an US-gestützte neue Regime verlieren, wäre dies ein verheerender strategischer Verlust. Alles deutet darauf hin, dass die nächsten Monate weltweit kritisch werden, in der Frage, ob Russland, Iran und China in der Lage sein werden, eine vereinte Opposition gegen die Supermacht-Dominanz eines von neokonservativen Kriegsfalken geführten Washington zu stabilisieren oder nicht.

– 16. März 2014

Endnoten:

1 Siehe Kapitel 10 in diesem Buch: »Ukraine ernennt Oligarchen und Gangster zu Gouverneuren und Ministern«.
2 Gerhard Wisnewski, »Krieg am 15. März? Gehackte E-Mails enthüllen False-Flag-Operation gegen die Russen«, in: *KOPP Online*, 13. März

2014, zu finden unter: *http://info.kopp-verlag.de/hintergruende/europa/gerhard-wisnewski/krieg-am-15-maerz-gehackte-e-mails-enthuellen-false-flag-operation-gegen-die-russen.html* (aufgerufen: Juli 2014).

3 David Ignatius, »Regional spymasters make tactical changes to bolster Syrian moderates«, in: *Washington Post*, 18. Februar 2014, zu finden unter: *http://www.washingtonpost.com/opinions/david-ignatius-regional-spymasters-make-tactical-changes-to-bolster-syrian-moderates/2014/02/18/5d69596c-98f0-11e3-b931-0204122c514b_story.html* (aufgerufen: Juli 2014).

4 Ebd.

5 »Syrian War Escalation in the Works this Year – Obama Vows to 'Apply More Pressure' on Assad«, in: SCGNEWS, 18. Februar 2014, zu finden unter: *http://scgnews.com/syria-escalation-in-the-works-this-year-obama-vows-to-apply-more-pressure-on-assad* (aufgerufen: Juli 2014).

6 SCGNEWS: »Syria – U.S. and Israel Organizing Major Offensive Against Assad In the South«, 11. März 2014, zu finden unter: *http://scgnews.com/syria-us-and-israel-organizing-major-offensive-against-assad-in-the-south* (aufgerufen: Juli 2014).

12

Amerikanische und britische Ölkonzerne schüren in der Ukraine Illusionen über Schieferöl und -gas

Neben vielen anderen Gerüchten bekommt man derzeit auch zu hören, bei der Auseinandersetzung in der Ukraine ginge es nur um die Eroberung der riesigen Schieferöl- und Schiefergasvorkommen. Führende Köpfe in der ukrainischen Regierung – schon im glücklosen Kabinett Janukowytsch – ließen sich davon überzeugen, im Schiefergestein in der Ukraine lagere ein wahrer Goldschatz. Zusammen mit britischen und amerikanischen Ölkonzernen gingen sie daran, die riesigen Vorkommen von unkonventionellem Gas und Öl in den Schiefergesteinsformationen im Osten des Landes zu erschließen. Der britisch-niederländische Konzern *Shell* und die amerikanische *Chevron Corporation* haben bereits Verträge zur Entwicklung des ukrainischen Schieferpotenzials unterzeichnet. Es gibt nur ein Problem, das den Menschen in der Ukraine bisher nicht bewusst ist: Die »Schieferrevolution« in den USA ist ein Wall-Street-Hype.

Ein Grund dafür, dass in der Ukraine einige so schnell bereit waren, alle Vorsicht fahren zu lassen und mit Russland zu brechen, ist darin zu suchen, dass der Energieriese *Shell* und die ukrainische Regierung im Januar 2013 einen Vertrag zur Förderung von Schiefergas in der Ukraine unterzeichnet hatten. Zurzeit muss die Ukraine ungefähr 65 Prozent ihres Erdgasbedarfs aus Russland importieren. Der damalige ukrainische Energieminister Eduard Stawyzkyj sagte anlässlich der Vertragsunterzeichnung im letzten Jahr, man werde »zehn Milliarden Dollar investieren, wenn die geologischen Untersuchungen die Erwartungen erfüllen«.[1] *Shell* besitzt Rechte am Jusiwska-Feld im östlichen Teil des Landes, dort, wo die stärkste prorussische Stimmung herrscht.

Nach *Shell* trat im November 2013 auch der US-Energieriese *Chevron* – Condoleezza Rice' alte Firma – auf den Plan. Damals begannen auf dem Majdan-Platz gerade die Proteste gegen die Regierung. Die Regierung Janukowytsch unterzeichnete ein *Production Sharing Agreement* für die Förderung von Schiefergas – das ist eine Vertragsform bei Erdöl- und Erdgaskonzessionen, bei der sich ein oder mehrere Erdölunternehmen und das Gastland die Erdöl- bzw. Erdgasproduktion nach einem festgelegten Schlüssel teilen. Außerdem führte die Regierung zu demselben Zweck Verhandlungen mit einer von *ExxonMobil* geführten Unternehmensgruppe.[2] Nach Angaben der Unternehmen könnte die Ukraine von den eigenen Feldern so viel Schiefergas fördern, dass die Gasversorgung in der Ukraine um 50 Prozent erhöht würde. Wie das US-Energieministerium – dieser Tage wohl kaum eine unvoreingenommene Quelle – schätzt, könnten in der Ukraine über 40 Billionen Kubikfuß förderbares Schiefergas lagern, genug, um die Nachfrage auf Jahrzehnte zu decken. Das Problem ist, dass das keiner so genau weiß.[3]

Selbst wenn man die enormen Probleme des »Fracking«-Verfahrens, wie die Grundwasserverseuchung oder das mögliche Auslösen von Erdbeben, einmal beiseitelässt, ist bereits vorprogrammiert, dass der Traum vom Schiefergas für die Ukraine zum Albtraum wird.

Unternehmen rücken in den USA vom Schiefergas ab

Bei den Aussichten auf eine schiefergasbasierte Energierevolution in der Ukraine gibt es einen Haken: Sie beruhen auf Lügen und Falschdarstellungen amerikanischer und britischer Ölkonzerne und der Regierungen. Die Schiefergasrevolution in den USA ist, nur wenige Jahre nachdem sie begann, schon wieder vorbei.

Shell hat gerade eine drastische Reduzierung seines Engagements in der US-Schiefergasentwicklung angekündigt. *Shell* verkauft seine Pachtverträge über rund 2800 Quadratkilometer Land in den Schiefergasgebieten von Texas, Pennsylvania, Colorado und Kansas und kündigt an, möglicherweise weiteres Gebiet abstoßen zu müssen, um die Schiefergasverluste zu stoppen. *Shell*-Chef Ben van Beurden erklärte: »Die finanzielle Performance ist schlicht nicht hinnehmbar. Einige unserer Erkundungswetten sind nicht aufgegangen.«[4] Damit wählte er noch eine sehr verhaltene Formulierung.

Das Problem beim unkonventionellen Schiefergas besteht darin, dass es sich völlig anders verhält als konventionelle Gasvorkommen. Nach einer anfänglichen Förderspitze erschöpft es sich sehr schnell und nicht langsam über mehrere Jahre. Jetzt heißt es, den Kopf aus der Schlinge zu ziehen, bevor die Blase platzt. Aber Giganten wie *Shell* und BP sind gefangen und versuchen jetzt offenkundig, eine ahnungslose Ukraine in die Schieferfalle zu locken. Wir können nur vermuten, dass der lange Arm von Victoria Nulands *State Department* [Außenministerium] *Chevron* und den anderen Ölkonzernen die Hölle heiß macht, in der Ukraine die Illusion einer Energieunabhängigkeit von Russland durch die Schiefergasförderung zu schüren.

Im Rahmen einer kürzlich erstellten Analyse über die tatsächlichen Resultate der mehrjährigen Schiefergasförderung in den USA und der Förderung des teuren Öls aus den Athabasca-Teersanden in Kanada schrieb der Erdölanalyst David Hughes: »Die Förderung von Schiefergas ist explosionsartig auf gegenwärtig fast 40 Prozent der Erdgasförderung in den USA gestiegen. Trotzdem hat sie seit Dezember 2011 ein Plateau erreicht; 80 Prozent des geförderten Schiefergases stammen von fünf Vorkommen, von denen sich mehrere erschöpfen. Die hohe Erschöpfungsrate von Schiefergasbrunnen verlangt kontinuierlichen Kapitaleinsatz – geschätzt auf 42 Milliarden Dollar für die Bohrung von über 7000 Brunnen –, um die Förderung aufrechtzuerhalten. Demgegenüber lag der Wert des 2012 geförderten Schiefergases nur bei etwas über 32,5 Milliarden Dollar.«[5]

Da sich das Gas so schnell erschöpft, ist ein Unternehmen gezwungen, in die Bohrung von immer mehr Brunnen zu investieren, um die Gasförderung zu stabilisieren, wie ein Tiger, der seinem eigenen Schwanz um einen Baum herum hinterherjagt. Kurzum: Das Wunder Schiefergas verliert seinen Glanz.

Welche anderen Optionen bestehen für die Ukraine?

Eine weitere nichtrussische Gasoption, die von Leuten verbreitet wird, die im Bereich weltweiter Energie und Erdgas wenig Ahnung haben, ist die Idee, Flüssiggas (LNG, nach dem englischen »Liquified Natural

Gas«) vom übersättigten US-Gasmarkt zu importieren. Dieser Illusion scheint der ehemalige ukrainische Vizepremier Jurij Bojko auf den Leim gegangen zu sein. Bei einem Interview mit einem US-Energiejournalisten erklärte er kürzlich: »Wir brauchen Unterstützung für das Verschiffen von LNG in die Ukraine. Es gab bereits Bemühungen, ein in den USA gebautes, schwimmendes Offshore-Terminal einzurichten, an dem Ladungen gelöscht werden könnten. LNG, das in Schiffen unter amerikanischer Flagge vor der Küste der Ukraine ankäme, wäre eine sehr eindrucksvolle Weise, die Ukraine zu unterstützen. [...] Amerika könnte zum Erdgasexporteur für Europa werden, um dem Einfluss Russlands etwas entgegenzusetzen.«[6]

Das Problem liegt zum einen darin, dass der kalte Winter in den USA die Erdgas-Lagerbestände deutlich reduziert hat. Zum anderen sind Konzerne wie *Shell,* BP und andere dabei, ihre unprofitable Schiefergasproduktion in den USA zurückzufahren. Und drittens bestimmt ein aus der Zeit der Energiekrisen der 1970er-Jahre stammendes amerikanisches Gesetz, dass in den USA gefördertes Erdöl und Erdgas in den USA selbst verbraucht werden müssen, um die Energieabhängigkeit zu reduzieren. Natürlich könnte der Kongress das Gesetz jederzeit außer Kraft setzen, aber darauf deutet momentan nichts hin. Es bleibt das Problem, dass der US-Schiefergasboom zu Ende geht. Würde sich die Ukraine von amerikanischem Schiefergas abhängig machen und die Lebensader zum russischen Gas kappen, wäre das schlimmer, als sich ins eigene Knie zu schießen.

Die ukrainische Energiepolitik spielt bei Washingtons geopolitischem Poker um die Ukraine eine große Rolle. Washington verführt die Ukraine zu der trügerischen Hoffnung, entweder die eigenen Schiefergasvorkommen oder US-Importe könnten 65 Prozent der lebenswichtigen ukrainischen Erdgasimporte aus Russland ersetzen.

– 19. März 2014

Endnoten:

1 Ladka Bauerova & Kateryna Choursina, »Shell to Drill First Wells in $10 Billion Ukrainian Project«, in: *Bloomberg,* 8. November 2013, zu finden unter: *http://www.bloomberg.com/news/2013-11-08/shell-to-drill-first-wells-in-10-billion-ukrainian-project.html* (aufgerufen: September 2014).

2 Ebd.

3 Christopher Helman, »What Ukraine Needs Is An American-Style Shale Gas Revolution«, in: *Forbes*, 3. März 2014, zu finden unter: *http://www.forbes.com/sites/christopherhelman/2014/03/03/what-ukraine-needs-is-an-american-style-shale-gas-revolution/* (aufgerufen: September 2014).

4 Karolin Shaps & Dmitry Zhdannikov, »Shell cuts spending in U.S. to lower shale exposure«, in: *Reuters*, 13. März 2014, zu finden unter: *http://uk.reuters.com/article/2014/03/13/uk-shell-strategy-idUKBREA2C1V220140313* (aufgerufen: Juli 2014).

5 J. David Hughes, »Drill, Baby, Drill – Can Unconventional Fuels Usher in a New Era of Energy Abundance?«, 2013, *Post Carbon Institute*, zu finden unter: *http://assets-production-webvanta-com.s3-us-west-2.amazonaws.com/000000/03/97/original/reports/DBD-report-FINAL.pdf*, Seite ii (aufgerufen: September 2014).

6 James Stafford, »Russia Aggression Paves Way for Ukrainian Energy Coup: Interview with Yuri Boyko«, in: *OilPrice.com*, zu finden unter: *http://oilprice.com/Interviews/Russian-Aggression-Paves-Way-for-Ukrainian-Energy-Coup-Interview-with-Yuri-Boyk.html* (aufgerufen: Juli 2014).

13

Der Einsatz von Heckenschützen ist eine übliche Taktik bei NATO-Regimewechseln

Bei einer Schießerei auf der Krim am 18. März wurden ein ukrainischer Soldat und ein Mitglied der prorussischen Selbstverteidigungsmiliz getötet. Der Vorfall ereignete sich in der Nähe einer kleinen militärischen Einrichtung, bei der hauptsächlich Frauen beschäftigt waren. Das selbsternannte Regime in Kiew reagierte sofort. Unmittelbar nach der Attacke, als die Lage noch völlig unklar war und keine verifizierten Details vorlagen, erklärte der »amtierende« Kiewer Ministerpräsident Jazenjuk: »Russische Soldaten eröffneten das Feuer auf ukrainische Armeeangehörige. Es ist ein Kriegsverbrechen, ohne jede Einschränkung.« Gleichzeitig ermächtigte der »amtierende« Kiewer Präsident Olexandr Turtschynow die auf der Krim stationierten ukrainischen Truppen, »zur Selbstverteidigung« ihre Schusswaffen einzusetzen.[1]

Wie sich später herausstellte, wurden die beiden Kontrahenten aus derselben Waffe eines Heckenschützen aus demselben Gebäude heraus erschossen. Es war eindeutig als Zwischenfall »unter falscher Flagge« geplant, um antirussische Aktionen in der Ukraine zu provozieren.[2] Das lokale Innenministerium erklärte in einer Pressemitteilung, die Schüsse seien aus einem im Bau befindlichen Haus gegenüber der Einrichtung abgefeuert worden.

Der Vorfall war eine Kopie der viel größeren Scharfschützenattacke vom 22. Februar auf dem Majdan-Platz in Kiew. Durch diese Attacke wurde der Stunden zuvor ausgehandelte neue diplomatische Kompromiss zwischen der Regierung Janukowytsch, den drei im Parlament vertretenen Oppositionsparteien, den Demonstranten und der EU hinfällig.

Bei einem später abgehörten und am 5. März im Internet veröffentlichten Telefongespräch[3] zwischen der EU-Außenbeauftragten Catherine Ashton und dem estnischen Außenminister Urmas Paet spricht Letzterer von Beweisen dafür, dass am 22. Februar dieselben Scharfschützen auf Demonstranten und Polizisten geschossen hätten und dass diese Scharfschützen von einem Gebäude geschossen hätten, das unter der Kontrolle des neonazistischen ukrainischen Rechten Sektors stand.

NATO-Taktik

Es gibt Berichte, wonach die Nachfolgeorganisation der US-Söldnertruppe *Blackwater Security*[4] 300 als Scharfschützen ausgebildete private Soldaten in die Ukraine geschickt hat, aber diese Berichte sind noch nicht bestätigt. Bestätigt ist aber, dass der Einsatz von Scharfschützen und Heckenschützen eine beliebte Taktik in der irregulären Kriegsführung von *US Army* und Sondereinsatzkräften ist. Heckenschützen werden eingesetzt, um Terror, Angst und regierungsfeindliche Propaganda zu verbreiten. Sie sind integraler Bestandteil eines vom Westen unterstützten Regimewechsels.

Allein der gesunde Menschenverstand sagt uns, dass keine rational denkende Regierung, die an der Macht bleiben will, unbekannte Heckenschützen einsetzen würde, um ihre Gegner einzuschüchtern. Schüsse auf unschuldige Demonstranten wären kontraproduktiv angesichts großen Drucks vonseiten westlicher Regierungen, die entschlossen sind, ein Klientelregime an die Macht zu bringen.

Heckenschützen wurden durch das Pentagon bei fast jeder US-unterstützten Farbenrevolution eingesetzt, angefangen von den Attacken auf eine wütende Menschenmenge, die 1989 in Rumänien gegen Ceaușescu demonstrierte. Scharfschützen US-amerikanischer Sondereinheiten oder private Söldner waren 2010 bis 2012 während des von den USA unterstützten »Arabischen Frühlings« in Ägypten, Tunesien und Libyen am Werk.[5]

Im Handbuch der *US Army* von 2010 heißt es: »Die Streitkräfte führen bewaffnete Konflikte, in der Regel in Form von Guerilla-Kriegsführung, gegen den Sicherheitsapparat des Gastlandes oder des besetzenden Militärs durch. Solche Konflikte schließen auch Operationen ein, durch die die gegnerische Moral, der organisatorische Zusammenhalt und die operative Funktionsfähigkeit angegriffen und geschwächt werden und der Gegner von der Bevölkerung isoliert wird.«[6] Der Einsatz von Heckenschützen, um in der Ukraine Wut gegen die Regierung zu schüren, steht an erster Stelle. Und eindeutig sind es *US State Department* und Pentagon, deren Pläne davon profitieren, nicht Moskau oder Janukowytsch.[7]

– 24. März 2014

Endnoten:

1 RT: »2 killed in shooting near Crimea military research center«, 18. März 2014, zu finden unter: *http://rt.com/news/crimea-shooting-military-center-646/* (aufgerufen: Juli 2014).
2 Kurt Nimmo: »Ukrainischer Soldat auf der Krim getötet: Möglicherweise Tat unter »falscher Flagge«, um einen Krieg vom Zaun zu brechen«, in: *KOPP Online,* 19. März 2014, zu finden unter: *http://info.kopp-verlag.de/hintergruende/enthuellungen/kurt-nimmo/ukrainischer-soldat-auf-der-krim-getoetet-moeglicherweise-tat-unter-falscher-flagge-um-einen-kri.html* (aufgerufen: Juli 2014).
3 Siehe Kapitel 9 in diesem Buch: »NATO setzt beim Putsch in der Ukraine nachweislich Bandera-Scharfschützen ein«.
4 »Wer sind die Söldner in der Ukraine? – Videos deuten auf Blackwater hin«, in: *KOPP Online* (Redaktion): 18. März 2014, zu finden unter: *http://info.kopp-verlag.de/hintergruende/enthuellungen/redaktion/wer-sind-die-soeldner-in-der-ukraine-videos-deuten-auf-blackwater-hin.html* (aufgerufen: Juli 2014).
5 Alexandra Valiente, »Egypt Massacre: Snipers and Death Squads | Terror Tactics Of US Soft Power«, in: *Libya 360° Archive,* 8. Juli 2013, zu finden unter: *https://web.archive.org/web/20130724084855/http://libya360.wordpress.com/2013/07/08/egypt-massacre-snipers-and-death-squads-terror-tactics-of-us-soft-power/* (aufgerufen: Juli 2014).
6 Alexandra Valiente, »Special Forces Unconventional Warfare Manual 2010«, in: *Libya 360° Archive,* 11. März 2011, zu finden unter: *http://libyadiary.wordpress.com/2011/03/11/special-forces-unconventional-warfare-manual-2010/* (aufgerufen: Juli 2014).
7 Siehe Kapitel 9 in diesem Buch: »NATO setzt beim Putsch in der Ukraine nachweislich Bandera-Scharfschützen ein«.

14

Neue ukrainische Regierung heuert US-Söldner an, um den Osten des Landes unter Kontrolle zu halten

Nachdem jetzt in der Ukraine Neonazis für das Verteidigungsministerium zuständig sind und die Schläger des Rechten Sektors offiziell in die reguläre Armee aufgenommen wurden, hat die »amtierende« Regierung in Kiew angekündigt, dass sie *Greystone Limited* anheuern wird, eine Firma, die mit der berüchtigten Söldnertruppe *Blackwater Security* in Verbindung steht.

Laut einem Bericht der russischen Nachrichtenagentur ITAR-TASS halten die Regierungsbehörden der Ukraine den ukrainischen Sicherheitsdienst für nicht in der Lage, die Proteststimmung im Osten des Landes zu unterdrücken und die Führer und Aktivisten der prorussischen Bewegung zu neutralisieren.

Ein Sprecher des Sicherheitsdienstes erklärte: »Deshalb wurde entschieden, ausländische Söldner ins Land zu holen, die als politische Polizei und Sicherheitsschutz fungieren.« Weiter wurde betont, Urheber der brillanten Idee, US-Söldner mit Verbindungen zur CIA zur »Beilegung« der Proteste in den prorussischen östlichen Provinzen anzuheuern, seien zwei ukrainische Milliardäre und Oligarchen, die gerade zu Gouverneuren ernannt wurden: Ihor Kolomojskyj für die Region Dnipropetrowsk und Serhij Taruta für die Region Donezk.[1]

Kolomojskyj besitzt neben der ukrainischen auch die israelische

Staatsbürgerschaft, sein riesiges Banken- und Rohstoffimperium hat er bislang von Genf aus regiert.

Killer-Söldner zur »Wahrung des Friedens«?

Der Hintergrund von *Greystone Limited*, der Söldnerfirma, die angeblich prorussische Proteste in der neuen »demokratischen Ukraine« verhindern soll, ist in der Tat haarsträubend. Hervorgegangen ist sie aus der berüchtigten *Blackwater Security*, die von ehemaligen Top-CIA-Leuten für schmutzige Kriege in Afghanistan und dem Irak gegründet worden war.

Auf ihrer Website brüstete sie sich damit, »Personal aus den besten Milizen der Welt für den weltweiten Einsatz« bereitstellen zu können. Die Aufgaben könnten von kleinen bis zu großen Operationen reichen, um »groß angelegte Stabilitätsoperationen zu erleichtern, die sehr viele Menschen erfordern, um die Sicherung einer Region zu unterstützen«. Der ehemalige CIA-Vizedirektor Bobby Ray Inman sitzt im Vorstand der Firma.

Greystones Gründerfirma *Blackwater* war während der US-Besatzung im Irak nachweislich an zahllosen tödlichen Übergriffen auf unschuldige Zivilisten beteiligt. Ex-CIA-Direktor Leon Panetta hatte ein geplantes geheimes Tötungsprogramm eingeräumt, das der Aufsicht des Kongresses entzogen sein sollte. *Blackwater* war der Mietkiller.

In aller Regel sind solche »privaten« US-Sicherheitsfirmen vor der Strafverfolgung im Irak und anderen Ländern immun, das heißt, sie haben buchstäblich eine Lizenz zum Töten. In einer so brisanten Lage wie in der Ostukraine, wo sehr viele russische Staatsbürger leben, wären die Bedingungen ideal für Provokationen, mit denen versucht würde, eine militärische Reaktion Russlands zum Schutz der eigenen Bürger jenseits der Grenze zu erzwingen. Washington spielt in der Tat »russisches Roulette« mit der Ukraine, genauso wie die »Übergangs«-Regierung und die milliardenschweren Provinzgouverneure.

– 31. März 2014

Endnoten:

1 »Ukrainian leadership to hire US mercenaries to suppress eastern regions«, *The Voice of Russia*, 25. März 2014, zu finden unter: *http://voiceofrussia.com/news/2014_03_25/Ukrainian-leadership-to-hire-US-mercenaries-to-suppress-eastern-regions-source-3828/* (aufg.: Juli 2014).

15

Chinesische Wirtschaftsdiplomatie gegenüber Deutschland durchkreuzt das Kalte-Kriegs-Fieber

Mit einer Meisterleistung in Wirtschaftsdiplomatie durchkreuzte Chinas Präsident Xi Jinping bei seinem Besuch in Duisburg die Pläne der Washingtoner Neokonservativen, die eine neue Konfrontation zwischen der NATO und Russland anstreben. In Duisburg, der Stadt mit dem größten Binnenhafen der Welt und einem historischen Transportdrehkreuz für die europäische und deutsche Stahlindustrie (mit Zentrum Ruhrgebiet), präsentierte er den Vorschlag für den Aufbau einer neuen »Wirtschaftlichen Seidenstraße« zwischen China und Europa. Für das wirtschaftliche Wachstum in ganz Europa eröffnen sich damit atemberaubende Aussichten.

Flankiert vom deutschen Wirtschaftsminister Sigmar Gabriel und Lokalpolitikern betonte Xi, Deutschland und China seien die beiden wirtschaftlichen Lokomotiven am jeweiligen Ende dieser Seidenstraße. Durch die Kooperation an dieser gemeinsamen Vision einer Eisenbahnverbindung und sonstiger Infrastruktur könnten völlig neue wirtschaftliche Bereiche entlang der Route entstehen.[1] Der Begriff der Seidenstraße ist die bewusste Wiederbelebung der Bezeichnung für die alten Handels- und Kulturwege zwischen China und Zentral- und Südasien, Europa und dem Nahen Osten, die in der Zeit der Han-Dynastie ungefähr 200 n. Chr. geschaffen wurden.

Von der Wirtschaftlichen Seidenstraße und einer gesonderten Maritimen Seidenstraße hatte Xi erstmals im vergangenen November bei einer Rede während der dritten Plenarsitzung des 18. Zentralkomitees der Chinesischen Kommunistischen Partei gesprochen. Xis jüngste diplomatische Offerte zeigt, dass die Idee kein Hirngespinst ist, sondern strategische Realität. China braucht neue Exportmärkte beziehungsweise muss die bestehenden sichern, um die Gräben in der Entwicklung zwischen den hoch entwickelten Küstenregionen wie Schanghai und den weniger entwickelten Regionen im Landesinneren zu schließen und darüber hinaus die Stabilität in China und den Nachbarländern zu wahren. Die Provinz Xinjiang liegt an der Seidenstraße, sie ist die Basis einer radikalislamischen Strömung unter der heimischen moslemisch-uigurischen Bevölkerung.

Xi sagte es zwar nicht, es ist aber eindeutig, dass der Vorschlag zu einem extrem kritischen Zeitpunkt unterbreitet wird, an dem die Frage von Krieg oder Frieden durch Fehlkalkulation über Washingtons Manipulation der Ereignisse in der Ukraine und ihrem Umfeld wieder aktuell ist. Der neue Infrastrukturkorridor führt durch Russland. Eine wirtschaftliche Alternative gibt es nicht. Deshalb dient sie gleichzeitig dazu, die wirtschaftliche Zukunft und die Aussichten für eine friedliche Zusammenarbeit besonders zwischen Russland und Deutschland miteinander zu verknüpfen.

Xi unterbreitete seinen Duisburger Vorschlag im Rahmen eines chinesischen Wirtschaftsplans von höchster Priorität. Eine Woche vor seinem Abflug nach Deutschland war Xi in Peking mit dem saudi-arabischen Kronprinzen Salman ibn Abd al-Aziz Al Saud zusammengetroffen. Dabei lud er Saudi-Arabien ein, sich am Aufbau des Wirtschaftsgürtels Seidenstraße und der Maritimen Seidenstraße des 21. Jahrhunderts zu beteiligen, um die Vernetzung des Transports und den kulturellen Austausch zu fördern. Zwei Tage später weilte der Außenminister von Kasachstan, ebenfalls ein wichtiges Land an der Seidenstraße, zu Gesprächen über eine Mitarbeit an dem riesigen Projekt in Peking. Er signalisierte die Bereitschaft seines Landes zur Kooperation, genauso wie der afghanische Präsident Karzai.

Die Wirtschaftliche Seidenstraße steht eindeutig im Zentrum der chinesischen Strategie, die westlichen Landesteile zu entwickeln und in den Nachbarländern eine wirtschaftliche Stabilität zu fördern, die gleichzeitig den Nachschub von Rohstoffen sichert und neue Handelsmärkte schafft. Seit seinem Amtsantritt im März 2013 haben Xi und sein Premierminister Russland, Turkmenistan, Kasachstan, Usbekistan und Kirgistan besucht – alle liegen entlang der vorgeschlagenen Route des Seidenstraßen-Projekts.

Laut Xi besteht das Ziel der von China vorgeschlagenen wirtschaftlichen Zone Neue Seidenstraße, die auf gemeinsamer Entwicklung und Wohlstand basiert, in einer besseren Verbindung zwischen den asiatischen und europäischen Märkten. Sie soll der Idee einer Seidenstraße eine neue Bedeutung geben und allen Völkern entlang der Strecke zugutekommen. China und Deutschland am jeweiligen Ende der Seidenstraße seien die beiden wichtigsten Volkswirtschaften, die als Triebkraft für wirtschaftliches Wachstum in Asien und Europa fungieren, betonte Xi. Gegenwärtig sind China und Deutschland durch die internationale Eisenbahnstrecke Chongqing-Xinjiang-Europa miteinander verbunden.

2011 eröffnete China die Eisenbahnverbindung Chongqing Xinjiang – Duisburg. 2013 begann der Verkehr auf der direkten Eisenbahn-Transportroute Chengdu-Łódź (Polen), die über Kasachstan, Russland und Weißrussland führt. Der wirtschaftliche Nutzen von Eisenbahnverbindungen gegenüber dem Seetransport von chinesischen Häfen nach Europa oder gegenüber der Luftfracht ist enorm. Eine Reise über die Strecke Chongqing – Xinjiang – Duisburg dauert nur 16 Tage, über die Strecke Chengdu-Łódź sogar nur zwölf Tage. Der chinesisch-europäische Eisenbahntransport ist wesentlich schneller als der Seetransport, der 40 bis 50 Tage braucht, und er ist deutlich billiger als der Luftweg. Darüber hinaus ermöglicht die Eisenbahn bequemeres Umladen und schnelleren Transport zum Zielbahnhof.

Die Stabilität Zentralasiens ist Voraussetzung

Das Konzept einer wirtschaftlichen Zone Neue Seidenstraße hatte Xi Jinping bei seiner zehntägigen Zentralasienreise im September 2013 vorgestellt. Damals besuchte er vier zentralasiatische Länder: Turkmenistan, Kasachstan, Usbekistan (das auch Premierminister Li Keqiang bei seiner Reise im November besuchte) und Kirgistan. Er nahm auch am 13. Gipfeltreffen der Schanghaier Organisation für Zusammenarbeit (SOZ) in Bischkek teil und reiste zum G-20-Gipfel nach St. Petersburg, wo er zum fünften Mal in seinem ersten Amtsjahr mit Wladimir Putin zusammentraf.

Xi unterbreitete einen Fünf-Punkte-Vorschlag für den gemeinsamen

Aufbau der wirtschaftlichen Zone Neue Seidenstraße zur Stärkung der Beziehungen zwischen China, Zentralasien und Europa. Die fünf Punkte sind:

1. Intensivierung der politischen Zusammenarbeit, um die Ampel für wirtschaftliche Kooperation auf Grün zu stellen;
2. Ausbau der Straßenverbindungen zur Entwicklung eines großen Transportkorridors vom Pazifik bis zur Ostsee und von Zentralasien zum Indischen Ozean, gefolgt vom schrittweisen Aufbau eines Netzes von Transportverbindungen zwischen Ost-, West- und Südasien;
3. weitere Handelserleichterungen, insbesondere Aufhebung von Handelsbarrieren und Schritte zur Senkung der Kosten von Investitionen und Handel;
4. Stärkung der monetären Kooperation mit besonderem Augenmerk auf Währungsabkommen, durch welche die Transaktionskosten gesenkt und finanzielle Risiken reduziert, gleichzeitig aber die wirtschaftliche Wettbewerbsfähigkeit erhöht würde (dabei würde der Dollar eine geringere Rolle spielen);
5. Stärkung der Beziehungen zwischen den Völkern. China hat den Mitgliedsstaaten der Schanghaier Organisation für Zusammenarbeit 30 000 Studienplätze an chinesischen Universitäten bereitgestellt und angekündigt, auch 10 000 Lehrer und Schüler nach China einzuladen.[2]

Ein wichtiger Motor der wirtschaftlichen Entwicklung in den extrem armen Regionen entlang der Seidenstraße wird die Einrichtung von Sonderwirtschaftszonen durch Peking sein, die an andere wirtschaftliche Zentren in China selbst und in den westlichen und südlichen Nachbarländern angebunden werden. Die erste wurde gerade gegründet: die »Neue Zone Lanzhou« in der chinesischen Provinz Gansu. Eine »Neue Zone« ist eine Wirtschaftszone in oder in der Nähe einer Großstadt oder einer städtischen Region. Die Wirtschaftszonen werden vom Staatsrat zu Vorzugskonditionen errichtet und mit Privilegien ausgestattet, um ihre Entwicklung in Schwung zu bringen. Gegenwärtig gibt es in China sechs neue Wirtschaftszonen, vier davon in Küstenregionen. Die Entscheidung zum Aufbau der Wirtschaftszone Lanzhou in Nordwestchina – einer der ärmsten Regionen – ist ein klares Signal dafür, dass sich Peking der Beschleunigung der Entwicklung der westlichen Regionen des Landes widmet und sie mit anderen, gut entwickelten Teilen Chinas verbindet. Die Wirtschaftszone Lanzhou in einem Bevölkerungszentrum mit fast vier Millionen Menschen ist die erste komplette Zone dieser Art in Nordwestchina und die erste an der historischen Seidenstraße.

Bei Chinas Entscheidung, sich jetzt »nach Westen« zu orientieren, ist auch eine wesentliche Sicherheitskomponente im Spiel. Peking muss Exportmärkte sichern und das Transportnetz diversifizieren – Xis wichtigstes Thema bei seiner Zentralasienreise –, besonders angesichts der zunehmend instabilen Seewege in Süd- und Südostasien. China ist sehr anfällig für Attacken auf dem Seeweg durch die Straße von Malakka, wo es immer häufiger zu Angriffen von Piraten, zu illegalem Handel und zu Streit über den Seeverkehr kommt. Fast 85 Prozent der Importe nach China verlaufen über diese Route, darunter 80 Prozent der Energieimporte. Peking ist sich bewusst, dass es kein Problem wäre, die Straße von Malakka zu blockieren,[3] wenn sich Washington zu einer Konfrontation mit China entschiede.

– 1. April 2014

Endnoten:

1 Xinhua, »President Xi calls on China, Germany to build Silk Road economic belt«, in: People's Daily Online, zu finden unter: *https://web.archive.org/web/20140721055228/http://english.peopledaily.com.cn/8582829.html* (aufgerufen: Juli 2014).
2 Justyna Szczudlik-Tatar, »China's New Silk Road Diplomacy«, Polnisches Institut für Internationale Angelegenheiten, Dezember 2013, Grundsatzpapier Nr. 34 (82).
3 F. William Engdahl: *China in Gefahr; KOPP Verlag,* Rottenburg 2013.

16

Plant Obama mit den Saudis einen neuen Ölkrieg gegen Russland?

In einem können wir uns sicher sein: Nach Washingtons blutigem Putsch in der Ukraine, der unter dem verlogenen Mantra von Demokratie Neonazis und Freimarkt-Plünderer an die Macht brachte, plant man in Washington nun, Russland als Opposition zur globalen Hegemonie der USA auszuschalten. Während Putin den Westen offenbar damit überraschte, dass er umgehend ein Referendum auf der Krim akzeptierte, wieder Teil Russlands zu werden und die Ukraine zu verlassen, ist es eindeutig, dass die USA nach neuen Wegen suchen, Russland aufs Kreuz zu legen. Eine Waffe, die dabei in Erwägung gezogen wird, ist so neu nicht – die Ölwaffe.

Heute wie schon in den 1980er-Jahren ist Russlands Achillesferse die übermäßige Abhängigkeit der Wirtschaft von Erdöl- und Erdgasexporten. Russland ist nach Saudi-Arabien und den USA der drittgrößte Erdölproduzent der Welt. In meinem Buch *Mit der Ölwaffe zur Weltmacht* lege ich dar, wie US-Außenminister George Shultz zusammen mit dem damaligen Vizepräsidenten George Bush senior Saudi-Arabien unter Druck setzte, den Weltmarkt mit saudi-arabischem Erdöl zu überschwemmen. Mit verheerenden Folgen für die schwache Wirtschaft der Sowjetunion.[1]

Anfang 1986 lag der durchschnittliche Ölpreis weltweit bei 33 Dollar pro Barrel. Bis Juni war der Preis auf die Hälfte, also 16 Dollar, gefallen, er rutschte weiter ab auf schließlich weniger als zehn Dollar. Russland steckte in einem US-geführten Krieg in Afghanistan fest und sah sich durch Reagans Raketenabwehr-Initiative, »Star Wars« genannt, zu riesigen Verteidigungsausgaben herausgefordert. Der Kollaps der sowjetischen Erdölerlöse trug maßgeblich zum endgültigen Zusammenbruch der Sowjetunion drei Jahre später bei.[2]

1986 bezog die UdSSR rund 66 Prozent ihrer dringend benötigten Deviseneinnahmen aus Erdöl- und Erdgasexporten. Heute, mehr als 28 Jahre später, ist Russland immer noch von diesen Exporten abhängig. 2008, als der Ölpreis im Schnitt wie heute bei 100 Dollar für das Barrel lag, machten die Erdöleinnahmen mit rund 35 Prozent mehr als ein Drittel der russischen Exporterlöse aus. Zählt man Erdöl und Erdgas zusammen, lag der Anteil der Kohlenwasserstoffexporte am Gesamtexporteinkommen 2008 bei 65 Prozent. Kohlenwasserstoffexporte erzeugten 50 Prozent der gesamten Haushaltseinkünfte.[3] Dieser Wert gilt im Wesentlichen bis heute, und das ist die Achillesferse der russischen Wirtschaft.

Obama in Saudi-Arabien

Am 28. März reiste Präsident Obama nach Riad und von dort weiter in das Wüstenlager von König Abdullah, um über »Beziehungen« zu sprechen. Die Medien der Welt ereiferten sich über die unterwürfige Verbeugung des US-Präsidenten vor dem saudischen König, ein Fauxpas, den kein anderer Staatschef der Welt begehe, nur die Untertanen verbeugten sich vor dem König. Aber kein Wort wurde darüber verloren, ob über eine Neuauflage des US-saudi-arabischen umgekehrten Erdölschocks von 1986 gesprochen wurde.

Bei einer Pressekonferenz am 20. März in Berlin rief der amerikanische Spekulant und Milliardär George Soros Obama dazu auf, pro Tag 500 000 Barrel aus den gewaltigen strategischen Erdölreserven auf den Markt zu werfen, um Russland zu »bestrafen«. Die strategischen Erdölreserven (SPR, Strategic Petroleum Reserve) der USA liegen zurzeit in der Größenordnung von 700 Millionen Barrel. Philip Verleger, der als Berater der Regierungen Ford und Carter tätig war, erklärte, damit könnten die USA die globalen Ölpreise um bis zu zwölf Dollar pro Barrel drücken. Das würde für Russland rund 40 Milliarden Dollar an entgangenen Einnahmen durch den Verkauf von Erdgas und Erdöl bedeuten, es entspräche zwei Prozent der gesamten Wirtschaft.[4]

Ende März verkaufte die Obama-Regierung auf dem Weltmarkt fünf Millionen Barrel SPR-Erdöl, behauptete jedoch, dies stehe nicht im Zusammenhang mit der Krim. Wahrscheinlich war es ein Warnschuss, um sich Putins Aufmerksamkeit zu sichern.[5]

Manche berechnen: Wenn es Obama gelänge, die Kooperation Saudi-Arabiens zu gewinnen und gemeinsam mit den Reserven der USA den Weltmarkt auch nur für ein paar Monate zu überschwemmen, könnte dies verheerende Auswirkungen für die Finanzen Russlands haben. Würde König Abdullah einwilligen, die saudi-arabische Förderung von derzeit 9,7 auf ungefähr zehn Millionen Barrel pro Tag zu erhöhen, würde dies zusammen mit dem Verkauf von 500 000 bis 750 000 Barrel pro Tag aus den strategischen Reserven der USA die russischen Erdöleinnahmen empfindlich treffen.

Würde sich Saudi-Arabien Washington anschließen, würde die Weltmacht Russland getroffen, die bisher das wichtigste Hindernis für einen Saudi-geführten Krieg zum Sturz von Baschar al-Assad in Syrien, dem Verbündeten des Iran und Feind Saudi-Arabiens, darstellte. Wir können sicher sein, dass in Washington und Riad hinter verschlossenen Türen lebhaft über ein solches Szenario diskutiert wird.

20-Milliarden-Dollar-Tauschgeschäft zwischen Russland und dem Iran

Neben der Krim hat Putins Russland Washington und Saudi-Arabien auch auf einem anderen Schauplatz gegen sich aufgebracht. Seit Monaten führen Putin und seine Regierung auf hoher Ebene Gespräche mit Teheran über ein Tauschgeschäft Erdöl gegen Ausrüstung, das Berichten zufolge über zwei bis drei Jahre laufen und einen Marktwert von 20 Milliarden Dollar haben soll.

Es heißt, Moskau würde täglich bis zu 500 000 Barrel iranisches Erdöl kaufen, als Gegenleistung für russische Ausrüstung und Waren. Die russische Ausrüstung würde Raketen und Teile für Atomreaktoren umfassen. Ein iranischer Vertreter erklärte vor der Presse: »Der Iran kann rund 300 000 Barrel pro Tag über das Kaspische Meer und den Rest über den Golf, möglicherweise über den Hafen Bandar Abbas, eintauschen.«[6]

Washington hat mit einer wütenden Attacke reagiert, weil Moskau angeblich die US-Wirtschaftssanktionen gegen den Iran »unterlaufe«. Die Ironie liegt darin, dass mit den Sanktionen Druck auf den Iran ausgeübt werden soll, die Atomwaffen aufzugeben, von denen noch niemand bewiesen hat, dass der Iran sie überhaupt besitzt. Wenn Washington einseitig Wirtschaftssanktionen gegen den Iran oder jetzt gegen Russland verhängen darf, weil man deren Politik nicht mag, könnte der Tag kommen, an dem dasselbe gegen die EU passiert.

Die Option eines Ölkriegs gegen Putins Russland ist eindeutig nicht ausgeschlossen.

– 5. April 2014

Endnoten:

1 F. William Engdahl, *Mit der Ölwaffe zur Weltmacht; KOPP Verlag,* Rottenburg 2006.

2 Andreas Benedictow, Daniel Fjærtoft & Ole Løfsnæs, »Oil dependency of the Russian economy: an econometric analysis«, Arbeitspapier Nr. 617, Mai 2010, Statistisches Zentralamt Norwegen, Forschungsabteilung.

3 Ebd.

4 Isaac Arnsdorf, »To Punish Russia, Soros Says U.S. Should Open Oil Reserve«, 26. März 2014, zu finden unter: *http://www.bloomberg.com/news/2014-03-26/soros-endorsed-sale-of-u-s-oil-reserves-seen-as-russian-penalty.html* (aufgerufen: Juli 2014).

5 Steve LeVine, »How the US might persuade the Saudis to co-conspire in unleashing an oil weapon against Putin«, zu finden unter: *Quartz, http://qz.com/192428/how-the-us-might-persuade-the-saudis-to-co-conspire-in-unleashing-an-oil-weapon-against-putin/* (aufgerufen: Juli 2014).

6 Jonathan Saul & Parisa Hafezi, »Iran, Russia working to seal $20 bln oil-for-goods deal«, in: *Reuters,* zu finden unter: *http://www.reuters.com/article/2014/04/02/iran-russia-oil-idUSL5N0MN4UT20140402* (aufgerufen im Juli 2014).

17

Moskau verpasst Monsantos GVO eine herbe Niederlage

***Monsanto* und anderen Gentechnik-Agrobusiness-Konzernen, die gehofft hatten, sich mit Bestechung und Gewalt über die Landwirtschaftsabkommen der Welthandelsorganisation ihren Weg in die reiche Landwirtschaft Russlands zu bahnen, hat die russische Regierung eine herbe Niederlage verpasst. Mit der neuen Entscheidung wird eine frühere Liberalisierung rückgängig gemacht, die die Regierung Medwedew erst vor wenigen Monaten beschlossen hatte. Sie könnte ein Signal dafür sein, dass sich die russische Regierung nach dem US-geführten Putsch in der Ukraine von dem Druck der USA distanziert.**

Am 5. April verkündete der russische Ministerpräsident Dmitri Medwedew ein Verbot für den Import gentechnisch veränderter Organismen (GVO). In einer Rede vor den Delegierten der Landwirtschaftskonferenz in Wolgograd erklärte er: »Wir haben nicht die Absicht, gentechnisch veränderte Nahrungsmittel zu entwickeln oder ihren Import in unser Land zu genehmigen. Wir sind damit zufrieden, uns mit normalen Nahrungsprodukten zu versorgen. Wenn die Amerikaner gern Gentechnik-Produkte essen, so sollen sie es tun. Wir brauchen das nicht, wir haben genug Raum und Chancen zur Produktion organischer Nahrungsmittel. Wir haben das geeignete Land und die Voraussetzungen, normale organische Nahrung zu produzieren.«[1]

Bei derselben Konferenz erklärte auch Landwirtschaftsminister Nikolai Fjodorow, Russland werde auch in Zukunft frei von gentechnisch veränderten Produkten bleiben. Ende Februar hatte das russische Parlament die Regierung aufgefordert, ein einstweiliges Verbot für alle gentechnisch veränderten Produkte nach Russland zu verhängen.

Der Landwirtschaftsausschuss der Staatsduma unterstützte ein Verbot für die Registrierung von und den Handel mit gentechnisch veränderten Organismen, bis Spezialisten ein System zur Kontrolle über die Auswirkungen von GVO auf Menschen und die Umwelt entwickelt haben. Jetzt hat Medwedew dies zur offiziellen Regierungspolitik erklärt, ein vernichtender Schlag für *Monsanto* und das US-amerikanische GVO-Kartell.

– 7. April 2014

Endnoten:

1 »Russia will not import GMO products – PM Medvedev«, 6. April 2014, zu finden unter: *http://rt.com/news/russia-import-gmo-products-621/* (aufgerufen: Juli 2014).

2 Ebd.

18

Weißes Haus belügt die EU über Erdgaslieferung aus den USA

Das Weiße Haus und das *State Department* in Washington belügen die Regierungen der EU ganz unverfroren, wenn sie so tun, als könnten die USA mehr als genug Erdgas liefern, um die russischen Gaslieferungen zu ersetzen. Neuere Erklärungen von Präsident Obama und Außenminister Kerry sind so offenkundig falsch, dass es für eine unglaubliche Verzweiflung in Washington über die Lage in der Ukraine und den Konflikt mit Moskau spricht. Oder sollte man in Washington den Bezug zur Realität dermaßen verloren haben, dass man sich einfach nicht mehr darum schert, was man sagt? Wie auch immer, Washington offenbart sich als unzuverlässiger diplomatischer Partner für die EU.

Nach seinem jüngsten Treffen mit EU-Regierungschefs veröffentlichte Obama die schier unglaubliche Erklärung, durch das Transatlantische Freihandelsabkommen (»TTIP«, nach dem Englischen »Transatlantic Trade and Investment Partnership«), über das von den großen privaten multinationalen Konzernen hinter verschlossenen Türen verhandelt wird, würde es für die Vereinigten Staaten leichter, Erdgas nach Europa zu exportieren und dadurch die Abhängigkeit der EU von russischen Lieferungen zu reduzieren: »Sobald wir ein Handelsabkommen etabliert haben, wird die Vergabe von Exportlizenzen zur Lieferung von Flüssiggas in Richtung Europa sehr viel einfacher, was im heutigen geopolitischen Umfeld offensichtlich relevant ist«, erklärte Obama.[1]

Doch dieser von politischem Opportunismus getriebene Versuch, die festgefahrenen TTIP-Gespräche wieder in Gang zu bringen, indem man mit Ängsten der EU vor dem Ausfall der russischen Gaslieferungen nach dem von den USA inszenierten Putsch in der Ukraine spielt, lässt eines außer Acht: Das Problem, amerikanisches Schiefergas in die EU zu schicken, liegt nicht in den Lizenzverfahren für Flüssiggas in den USA und der EU.

In anderen neueren Erklärungen über den Boom beim unkonventionellen amerikanischen Schiefergas haben sowohl Obama als auch Außenminister Kerry erklärt, die USA könnten die russischen Gaslieferungen in die EU mehr als ersetzen – eine glatte Lüge angesichts der physikalischen Realitäten. Bei dem Brüsseler Treffen riet Obama den Regierungschefs der EU zum Import von Schiefergas aus den USA als Ersatz für russisches Erdgas. Aber dabei gibt es ein riesiges Problem.

Die Schiefergasrevolution ist ein Schwindel

Zum einen war die »Schiefergasrevolution« in den USA ein Fehlschlag. Die drastisch gestiegene US-Erdgasförderung durch das »Fracking« aus Schiefergesteinsformationen wird von den größten Energiekonzernen wie *Shell* und BP bereits als unwirtschaftlich wieder aufgegeben. *Shell* hat gerade eine dramatische Kürzung der Investitionen in die Schiefergasförderung in den USA angekündigt. *Shell* verkauft die Pachtverträge über circa 280 000 Hektar Land in den wichtigsten Schiefergasgebieten in Texas, Pennsylvania, Colorado und Kansas und kündigt an, eventuell mehr zu verkaufen, um die Verluste beim Schiefergas zu stoppen. *Shell*-Chef van Beurden: »Die finanzielle Performance ist schlicht nicht hinnehmbar. Einige unserer Erkundungswetten sind nicht aufgegangen.«[2]

Eine nützliche Zusammenfassung der Illusionen über Schiefergas stammt aus einer neueren Analyse der tatsächlichen Ergebnisse mehrerer Jahre Schiefergasförderung in den USA durch den altgedienten Energieanalysten David Hughes: »Die Schiefergasproduktion ist explosionsartig auf fast 40 Prozent der US-amerikanischen Erdgasförderung gestiegen. Trotzdem hat die Förderung seit Dezember 2011 ein Plateau erreicht, 80 Prozent des geförderten Schiefergases stammen aus fünf Vorkommen, bei mehreren schwinden die Reserven bereits. Das schnelle Versiegen der Erdgasbrunnen verlangt kontinuierlichen Kapitaleinsatz – geschätzt auf 42 Milliarden Dollar jährlich für die Bohrung von über 7000 Brunnen – um die Förderung aufrechtzuerhalten.

Demgegenüber lag der Wert des geförderten Schiefergases 2012 nur bei 32,5 Milliarden Dollar.«[3] Obama wird also entweder von seinen Beratern über den wahren Status der US-Schiefergasvorkommen belogen, oder er selbst lugt bewusst. Ersteres ist wahrscheinlich.

Das zweite Problem bei dem »Angebot« der USA, der EU Erdgas als Ersatz für russisches Gas zu liefern, liegt darin, dass es eine enorm teure Infrastruktur in Form des Baus neuer Großterminals für Flüssiggas (LNG, nach dem Englischen »Liquified Natural Gas«) verlangt, an denen die riesigen LNG-Tanker beladen werden können, um das Gas dann zu ähnlichen LNG-Terminals in der EU zu verschiffen.

Das Problem besteht darin, dass es aufgrund verschiedener US-amerikanischer Gesetze über Export und Lieferung heimischer Energie in den USA keine bestehenden Terminals zur LNG-Verflüssigung gibt. Zurzeit ist nur das Sabine-Pass-LNG-Empfangsterminal im Cameron Parish im Bundesstaat Louisiana im Bau. Es gehört der Firma *Cheniere Energy*, in deren Vorstand Ex-CIA-Chef John Deutch sitzt. Doch der größte Teil des über das Sabine-Pass-LNG-Terminal verschifften Gases wird laut bestehenden Verträgen an koreanische, indische und andere asiatische LNG-Kunden geliefert, nicht an die EU.

Und selbst wenn riesige Hafenkapazitäten aufgebaut würden, um den Gasbedarf der EU zu decken und die russischen Lieferungen zu ersetzen, würde dadurch der Erdgaspreis in die Höhe getrieben und der von billigem, in großer Menge vorhandenem Schiefergas angetriebene Mini-Produktionsboom gleich wieder durchkreuzt. Die europäischen Verbraucher müssten für das LNG-Gas aus den USA weit mehr zahlen als zurzeit für das russische Gas, das über die Ostseepipeline oder über die Ukraine verschickt wird. Außerdem gibt es keine speziellen Supertanker für die Lieferung auf den EU-Markt. All das braucht Jahre, eingerechnet anfallende Umweltgutachten, die Bauzeit etc. – unter den günstigsten Umständen vielleicht sieben Jahre.

Die EU bezieht heute 30 Prozent ihres Erdgases – die schnellstwachsende Energiequelle – aus Russland.[4] Im Jahre 2007 lieferte die russische *Gazprom* 14 Prozent des Bedarfs an Frankreich, 27 Prozent an Italien, 36 Prozent an Deutschland, während Finnland und die baltischen Staaten bis zu 100 Prozent ihrer Gasimporte aus Russland beziehen.

Die EU hat keine realistische Alternative zum russischen Gas. Deutschland, die größte Volkswirtschaft, hat törichterweise beschlossen, aus der Kernenergie auszusteigen, die »alternative Energie« –

Windkraft und Solarenergie – ist ein wirtschaftliches und politisches Desaster: Die Strompreise für die Verbraucher schießen in die Höhe, obwohl die Alternativen nur einen winzigen Marktanteil einnehmen.

Kurz: Die Schimäre, das russische Gas abzustellen und stattdessen Gas aus den USA zu beziehen, ist wirtschaftlicher, energiepolitischer und politischer Unsinn.

– 8. April 2014

Endnoten:

1 Philip Blenkinsop, »Trade deal would ease U.S. gas exports to Europe«, in: *Reuters,* 26. März 2014, zu finden unter: *http://www.reuters.com/article/2014/03/26/us-usa-eu-summit-energy-idUSBREA2P12P20140326* (aufgerufen: Juli 2014).

2 Karolin Schaps & Dmitry Zhdannikov, »Shell cuts spending in U.S. to lower shale exposure«, in: *Reuters,* 13. März 2014, zu finden unter: *http://uk.reuters.com/article/2014/03/13/uk-shell-strategy-idUKBREA2C1V220140313* (aufgerufen: Juli 2014).

3 J. David Hughes, »Drill, Baby, Drill – Can Unconventional Fuels Usher in a New Era of Energy Abundance?«, 2013, *Post Carbon Institute,* zu finden unter: *http://assets-production-webvanta-com.s3-us-west-2.amazonaws.com/000000/03/97/original/reports/DBD-report-FINAL.pdf,* Seite ii (aufgerufen: September 2014).

4 Ilya Pitalev, »Europe Lacks Realistic Alternative to Russian Energy Supplies«, in: *RIA Novosti,* 4. April 2014, zu finden unter: *http://en.ria.ru/world/20140404/189033493/Europe-Lacks-Realistic-Alternative-to-Russian-Energy-Supplies-.html* (aufgerufen: Juli 2014).

19

Dollar verliert rapide den Status als Weltreservewährung

Mit der törichten Entscheidung, wegen der Annektierung der Krim Wirtschaftssanktionen gegen Russland zu verhängen, hat Washington Moskau zu der Reaktion gezwungen, *Gazprom*-Papiere nicht nur auf dem Dollar-Markt, sondern auch auf dem schnell wachsenden Yuan-Markt zu verkaufen. Die USA haben ein Eigentor geschossen.

Die *OAO Gazprom,* der größte Erdgasproduzent der Welt, plant für die nächsten Tage die Ausgabe von Papieren in chinesischen Yuan. Wegen der angedrohten Sanktionen der Obama-Regierung steigen die Zinsen für *Gazprom*-Schulden in Dollar dramatisch, während die in Yuan fallen, sodass es attraktiv wird, die Papiere in Yuan auszugeben.[1] Die Entscheidung ist aber nicht nur in geschäftlicher Hinsicht sinnvoll. Sie beschleunigt vielmehr den Trend anderer Länder, sich vom US-Dollar als Weltzentralbank- und Reservewährung für den Handel zu lösen.

Kriege mit dem Geld anderer Länder

Die Rolle des US-Dollars als Weltreservewährung ist nicht nur ein Statussymbol. Seit der Schaffung der Währungsordnung von Bretton Woods im Jahr 1944 war der Dollar als Reservewährung das Herzstück der amerikanischen Macht. Nachdem Präsident Nixon im August 1971 die Konvertierbarkeit von Dollars in ausländischem Besitz gegen Goldreserven der USA aufhob, ist der Dollar zu einer Papierwährung geworden, deren relativer Wert nach oben und unten schwankt.

Ungeachtet der schlimmsten Wirtschaftsdepression in den USA seit den 1930er-Jahren und ungeachtet des jahrzehntelangen US-Handelsdefizits im Verein mit der in die Höhe schnellenden Staatsverschuldung von gegenwärtig 103 Prozent des BIP ist die US-Regierung dank der Rolle des Dollars als Reservewährung in der Lage, Kriege in Syrien, Libyen, Afghanistan und anderswo zu finanzieren. Andere Länder, die Waren gegen Dollars kaufen, müssen Dollarüberschüsse für den Handel vorhalten, also investieren ihre Zentralbanken den Handelsüberschuss in »sicheren« US-Staatspapieren.

Paradoxerweise hat das bisher bedeutet, dass die USA bis in allerjüngste Zeit in der Lage waren, ihre ausländischen Kriege und den billionenschweren Rüstungshaushalt mit Dollars aus China, Russland und anderen Ländern zu finanzieren. Als der Euro 2010 zur Bedrohung für den Status des Dollars als Reservewährung wurde, weil Washington billionenschwere Haushaltsdefizite aufhäufte, begannen China und andere Länder mit dem Ankauf von Euro-Anleihen, um ihr Risiko bei einem möglichen US-Bankrott zu diversifizieren.

Um den Aufstieg des Euro zu verhindern, lancierte Washington finanzielle Kriegsführung über Schlüsselbanken an der Wall Street wie *Goldman Sachs* und *JPMorgan Chase* und über die US-Ratingagenturen *Standard & Poor's* und *Moody's* sowie die US-Zentralbank *(Federal Reserve)*, um den Wechsel zum Euro zu stoppen. Sie nannten es »Griechenland-Krise«. Der Euro fiel und der Dollar war plötzlich ein »sicherer Hafen«.

Doch die Zentralbanken anderer Länder merkten, dass der Dollar seinen Wert verlor, weil Washington weiter unbegrenzt Geld druckte, um die bankrotten Wall-Street-Banken zu retten – die *Federal Reserve* spricht von »quantitativer Lockerung«. China, Russland und andere wichtige Handelsnationen haben still und heimlich begonnen, Alternativen zum Einsatz des Dollars zu entwickeln.

Ein neuer Bericht des Internationalen Währungsfonds enthüllt einen dramatischen Wandel in der Rolle des US-Dollars als Reservewährung. 23 Länder geben an, chinesische Yuan als offizielle Reserven zu halten.

Und das, obwohl der Yuan, ähnlich wie der französische Franc nach dem Zweiten Weltkrieg, noch nicht voll gegen andere Währungen konvertibel ist. China nähert sich der Konvertibilität in vorsichtig gemessenem Tempo. Nicht nur halten 23 andere Zentralbanken offiziell Yuan, sondern zwölf weitere haben in Yuan investiert, ohne dies offiziell anzugeben.

Der dramatischste Aspekt des IWF-Berichts liegt darin, dass die relative Rolle des US-Dollars bei den Reserven der Zentralbanken dramatisch schwindet. Der Dollar ist zwar noch die größte Reservewährung, aber während im Jahr 2000 noch rund 55 Prozent aller Reserven weltweit in Dollar gehalten wurden, ist der Anteil heute auf 33 Prozent gesunken. Und der Trend beschleunigt sich. Der IWF führt den Yuan nicht als offizielle Reservewährung an, weil er noch nicht voll konvertibel ist. In der IWF-Statistik fällt der Yuan unter die Kategorie »andere Währungen«. Der Anteil der »anderen Währungen« hat sich laut IWF seit der US-Irak-Invasion 2003 verdoppelt.[3]

In den letzten Jahren hat die chinesische Zentralbank in Vorbereitung auf die volle Konvertibilität des Yuan riesige Mengen Gold aufgekauft. Jetzt, wo sich russische Unternehmen immer mehr ostwärts nach China orientieren, könnte sich der Wechsel weg vom Dollar dramatisch beschleunigen, sodass die US-Zinsraten in die Höhe getrieben würden und der Druck auf die Staatsausgaben in Washington stiege.

Obamas törichte Sanktionsdrohungen gegen Moskau treiben nur die Orientierung großer russischer Konzerne wie *Gazprom* und *Norilsk Nickel* auf den riesigen asiatischen Markt voran. Russische Bergbauunternehmen wie die *OAO GMK Norilsk Nickel,* der weltgrößte Nickelproduzent, haben ihr Engagement auf den asiatischen Märkten im letzten Monat erhöht. Und im Mai reist Präsident Wladimir Putin nach Peking. Es wird erwartet, dass er dort einen 30-Jahres-Vertrag über Gaslieferungen an China unterzeichnen wird.[3]

Der NATO-geführte Putsch in der Ukraine und die nachfolgende Krise haben den Trend nicht nur russischer Unternehmen, sich ostwärts zu orientieren, dramatisch verstärkt. Andere Länder könnten merken, dass sie eines Tages Opfer von Sanktionen aus Washington werden können, und versuchen, ihre Abhängigkeit vom Dollar zu verringern. Washingtons Politik des »harten Kerls« der Welt wird auf Washington zurückschlagen, und zwar auf eine Weise, die bislang nur wenige verstehen.

– 20. April 2014

Endnoten:

1 Ksenia Galouchko & Elena Mazneva, »Putin Turn to China Heralds New Look at Yuan Debt: Russia Credit«, in: *Bloomberg,* 14. April 2014, zu finden unter: *http://www.bloomberg.com/news/2014-04-14/*

putin-turn-to-china-heralds-new-look-at-yuan-debt-russia-credit.html (aufgerufen: Juli 2014).

2 *Deutsche Wirtschafts Nachrichten:* »Weg vom Dollar: 40 Zentralbanken sehen Yuan als neue Weltwährung«, 10. April 2014, zu finden unter: *http://deutsche-wirtschafts-nachrichten.de/2014/04/10/weg-vom-dollar-40-zentralbanken-sehen-yuan-als-neue-weltwaehrung/* (aufgerufen: Juli 2014).

3 Ksenia Galouchko & Elena Mazneva, »Putin Turn to China Heralds New Look at Yuan Debt: Russia Credit«, a. a. O.

20

Kiewer Putschregime marschiert in Richtung Krieg mit Russland

Das US-gestützte Putschregime in Kiew hat einen weiteren Schritt in Richtung auf einen De-facto-Krieg mit Russland unternommen. Nach der kürzlich erlassenen Order, auf ethnisch russische Demonstranten in der Ostukraine zu schießen, wird jetzt russischen Piloten und Flugbegleitern untersagt, nach der Landung in Kiew das Flugzeug zu verlassen. Letzteres ist ein Verstoß gegen internationale Vereinbarungen, wonach zivilen Flugzeugbesatzungen bei Zwischenlandungen das Recht auf Ruhepausen garantiert wird.

Das russische Außenministerium, das sich auf Informationen der russischen Fluglinie *Aeroflot* berief, beschuldigte Kiewer Beamte, den Flugzeugbesatzungen bei Flügen in die ukrainische Hauptstadt die nach den Flugsicherheitsbestimmungen erforderlichen Ruhepausen zu verweigern. Wörtlich erklärte das Ministerium: »Russland besteht darauf, dass diese unverantwortlichen Praktiken der Ukraine, die die Sicherheit des zivilen Flugverkehrs gefährden, uneingeschränkt aufgegeben werden.«[1]

Das provokative Vorgehen einer im Kern emotional instabilen Koalition aus ausgesprochenen Neonazis, US-Agenten und unzufriedenen ehemaligen Ministern erzeugt ein Klima, das die diplomatische Deeskalation der Konfrontation zwischen der Ukraine und Putins Russland verhindert. Laut der kürzlich in Genf erreichten Vereinbarung zwischen Russland, dem ukrainischen Putschregime, der EU und den USA sollten nicht nur ethnisch-russische Demonstranten in der Ostukraine entwaffnet werden, sondern auch die 5000 bis 10 000 Mitglieder der selbsternannten terroristischen »Sicherheits«-Kräfte innerhalb des *Prawyj Sektor* (Rechter Sektor).

Vorsicht vor dem Prawyj Sektor

Zum Zeitpunkt, wo dies geschrieben wird, lehnt es der durch den Putsch ins Amt gekommene Sekretär des Nationalen Sicherheits- und Verteidigungsrats der Ukraine, Andrij Parubij, ab, einer Abstimmung seines eigenen Parlaments in Kiew Folge zu leisten, wonach die illegalen Kämpfer des paramilitärischen *Prawyj Sektor* entwaffnet werden sollen.

Parubij weigert sich nicht nur, die de facto ungesetzlichen Terroristen des *Prawyj Sektor* zu entwaffnen, sondern gestattet ihnen, in geordneter Formation durch die Straßen der Ukraine zu ziehen, wo sie laut zuverlässigen Berichten von Anwohnern die Häuser ethnischer Russen oder sogar neutraler ethnischer Ukrainer stürmen und »im Namen des Volkes« die »Privatisierung« des Eigentums verkünden.

Für jeden, der mit Parubijs Hintergrund vertraut ist, kommt das nicht überraschend. Er war nämlich nicht nur verantwortlich für die extrem gewalttätige »Verteidigung« der Opposition gegen die demokratisch gewählte (falls der Westen das vergessen sollte) Regierung Janukowytsch auf dem Majdan-Platz von November bis Februar. Parubij ist auch Mitbegründer der Sozial-Nationalen Partei der Ukraine. Der andere Gründer war Oleh Tjahnybok, heute Vorsitzender der *Swoboda*-Partei. In der Sozial-Nationalen Partei der Ukraine verbanden sich radikaler Nationalismus, offener Antisemitismus und neonazistische Züge, beispielsweise im Namen und in dem der »Wolfsangel« nachempfundenen Hakenkreuz-Emblem.

In den letzten Tagen sind CIA-Chef John Brennan und US-Vizepräsident Joe Biden nach Kiew geflogen, um der stümperhaft agierenden Putschregierung Anweisungen zu erteilen.

Vorangegangen waren wachsendes Chaos und

»Wolfsangel«-Nazi-Emblem der ehemaligen von Andrij W. Parubij gegründeten Partei

Positionskämpfe in und zwischen den rivalisierenden Koalitionsparteien, die alle die Wahlen am 25. Mai gewinnen wollen. Nachdem Brennans »Top-secret«-Besuch durch den russischen Geheimdienst bekannt gemacht worden war, musste die CIA dies kleinlaut einräumen.

Tage später gingen ukrainische Soldaten mit militärischer Gewalt gegen ethnisch-russische Demonstranten in der Ostukraine vor. Die anfänglichen Versuche erinnerten eher an die unfähigen Polizisten aus der legendären amerikanischen Filmserie *Keystone Kops* als an eine ernsthafte militärische Einheit. Unbewaffnete ethnisch-russische Großmütter und Hausfrauen stellten sich den Panzern in den Weg und oft wechselten die ukrainischen Soldaten die Seiten und überließen die Panzer den Demonstranten. Mit der nachfolgenden Erklärung des Verteidigungsministeriums in Kiew, wonach es sich um »bewusste Täuschungsmanöver« gehandelt habe, um die Demonstranten hereinzulegen, machte sich Kiew noch mehr zum Gespött der Welt.

Jetzt ist die Bühne dafür bereitet, still und heimlich die ausgebildeten Killer und Terroristen des *Prawyj Sektor* ins Spiel zu bringen. Dazu zählen Hunderte speziell NATO-trainierter Terrorkommandos der paramilitärischen neonazistischen Ukrainischen National-Versammlung und deren paramilitärischen Zweigs, der Ukrainischen Nationalen Selbstverteidigung oder UNA-UNSO. Seit dem 22. März 2014 hat sich die UNA-UNSO-Partei formell dem Rechten Sektor angeschlossen.

Die Truppen der UNA-UNSO sind als »Gladio B« oder als verdeckte Eingreifgruppe der NATO bezeichnet worden, die für Sabotage und Guerillakrieg gegen den »Feind« ausgebildet wurde. Seit ihrer Gründung durch ethnisch-ukrainische Veteranen des verheerenden afghanischen Mudschaheddin-Kriegs der 1980er-Jahre waren die Mitglieder von UNA-UNSO ab 1990 an jedem »schmutzigen Krieg« der NATO gegen Russland beteiligt. Beispiele sind der CIA-Putsch, der Jelzin in Russland an die Macht brachte, und separatistische Kriege der 1990er-Jahre in Tschetschenien und anderen Regionen.

Im März 2014 eröffnete Russland ein Strafverfahren gegen die

Die Ähnlichkeit zwischen dem Emblem der UNA-UNSO und dem Nazi-Hakenkreuz ist beabsichtigt

Partei UNA-UNSO und einige ihrer Mitglieder, darunter auch der Vorsitzende Oleh Tjahnybok, wegen der »Organisation einer bewaffneten Bande«, die angeblich im ersten Tschetschenienkrieg gegen die russische 76. Luftangriffsdivision gekämpft hatte.

In den wenigen Wochen seit dem Putsch vom 22. Februar in Kiew wurde der *Prawyj Sektor* bei Schießereien erwischt. Einmal schossen Mitglieder des *Prawyj Sektor* auf drei Menschen in der Nähe des Majdan-Platzes, unter ihnen laut Bericht der Polizei von Kiew zwei Mitglieder anderer Milizen und der stellvertretende Chef der Kiewer Stadtverwaltung. Wenige Tage zuvor drohten maskierte Aktivisten des *Prawyj Sektor* mit dem Sturm des ukrainischen Parlaments, nachdem einer ihrer Anführer bei einem Schusswechsel mit der Polizei ums Leben gekommen war.

Heute behauptet der *Prawyj Sektor*, man habe ehemalige Offiziere des Innenministeriums und der Sicherheitsbehörden rekrutiert.[2] Angeblich »koordinieren« sie ihre Aktionen mit den ukrainischen Streitkräften und dem Nationalen Sicherheits- und Verteidigungsrat.

Der nächste Schritt Washingtons und der CIA wird vermutlich darin bestehen, Schläger des *Prawyj Sektor* und Terroristen einzusetzen, möglicherweise verkleidet als ukrainische Soldaten oder eingebettet in die Streitkräfte, die gewaltsam in die Ostukraine vorrücken und gegen die ethnisch-russische Opposition vorgehen. In dieser Lage wird Putin, so hofft man in Washington, militärisch eingreifen, um das Leben russischer Bürger zu schützen. Dann wird die Fraktion der Kriegsfalken, die zurzeit einen schwachen und hypnotisierten Obama in dem sich entwickelnden Kriegsszenario als Geisel hält, über den nötigen casus belli verfügen, um militärisch gegen Russland einzuschreiten.

Es wäre eine Katastrophe – nicht nur für die Ukrainer, nicht nur für die Russen und für Putin. Es wäre eine Katastrophe für die Welt. Zu den Akteuren, die den heißen Krieg puschen, zählen Obamas Nationale Sicherheitsberaterin Susan Rice, UN-Botschafterin Samantha Power sowie die Europabeauftragte des US-Außenministeriums und neokonservative Ex-Mitarbeiterin von Dick Cheney, Victoria »Fuck the EU« Nuland. Im Hintergrund lauert verlässlichen Quellen zufolge Hillary Clinton, die darauf hofft, mit einem kriegerischen Wahlprogramm 2016 US-Präsidentin zu werden.

Die Welt muss verstehen, dass es in der Regierung in Washington eine Kriegsfraktion gibt, die mit Fug und Recht als »Geheimregierung« oder »Tiefer Staat« bezeichnet werden kann und deren Mitglieder anderen Kommandos als denen eines gewählten Präsidenten folgen. Ihre Loyalität liegt seit der Ermordung John F. Kennedys im November 1963 bei einer Gemeinschaft Superreicher, die den militärisch-industriellen Komplex beherrschen und die neokonservative Lobby in Washington steuern und finanzieren.

Diese geheime Gemeinschaft, die sich manchmal selbst als den »Good Club« bezeichnet, merkt, dass ihnen die Macht über die Welt entgleitet. Russland, China, Indien, Brasilien, Südafrika und viele andere aufstrebende Länder wenden sich vom US-Dollar ab und befreien sich von der wirtschaftlichen Dominanz der USA. Russlands Energiediplomatie zog Deutschland und andere wichtige Partner in der EU in eine engere wirtschaftliche Zusammenarbeit. In dieser Welt würde eine Ukraine innerhalb der russisch geführten Eurasischen Wirtschaftsunion in friedlicher Zusammenarbeit als ideale wirtschaftliche Brücke zwischen dem russisch-chinesisch-zentraleuropäischen Raum – einschließlich Iran, Syrien, Irak und möglicherweise weiterer Ölstaaten am Golf – und der EU dienen. Die Macht Washingtons und der üblen Superreichen, die diese Macht beherrschen – des Good Club – wären dann nur noch ein Relikt der Geschichte, und das zu Recht. Das ist der reale Hintergrund für Victoria Nulands Kriegs-»Diplomatie«.

Die Kriegsfraktion in Washington und ihre superreichen verdeckten Unterstützer haben offenkundig beschlossen, der Krieg sei das einzige Mittel, die Kontrolle wiederzugewinnen. Als Obama eine Minute vor zwölf versuchte, ihren geplanten Krieg in Syrien zu stoppen – einen Krieg, der zu einer direkten Konfrontation mit Russland, dem Iran und wahrscheinlich auch dem sehr vorsichtigen China geführt hätte –, beschloss dieselbe Kriegsfraktion, den Neonazi-Putsch in der Ukraine als ihren »Plan B« loszutreten. Er sollte dazu benutzt werden, Putin zu dummen Fehlern zu provozieren, die es ihr ermöglicht hätten, nicht nur einen neuen Kalten Krieg, sondern einen neuen realen und sehr heißen Krieg gegen Russland und später auch gegen China zu provozieren. Beide sind die einzigen potenziellen Hindernisse für die wahnsinnige Besessenheit, die, wie es im Pentagon-Jargon heißt, »Full Spectrum Dominance« über die ganze Welt zu erreichen. Friedliebende Kräfte auf der ganzen Welt sind aufgerufen, diesen Wahnsinn zu stoppen und einen solchen Krieg zu verhindern.

– 29. April 2014

Endnoten:

1 »Russia, Ukraine Conflict: Moscow Complains About Treatment Of Russian Pilots«, in: *The World Post,* 26. März 2014, zu finden unter: *http://www.huffingtonpost.com/2014/03/26/russia-ukraine-conflict_n_5032910.html* (aufgerufen: Juli 2014).
2 Anna Nemtsova, »Yarosh: Russians, Rise Up Against Putin!«, in: *Newsweek,* 19. März 2014, zu finden unter: *http://www.newsweek.com/2014/03/28/yarosh-russians-rise-against-putin-248025.html* (aufgerufen: Juli 2014).

21

Stellt die NATO für Putin eine »Teerbaby-Falle«?

Die US-Regierung und die EU haben neue Wirtschaftssanktionen gegen Vertreter aus dem engeren Kreis um Russlands Präsidenten Wladimir Putin verhängt. Das verbale Säbelrasseln begleitet uns, seit Russland am 16. März einwilligte, dem ausdrücklichen Wunsch von 97 Prozent der Wähler (83 Prozent der Wahlberechtigten) zu folgen.

Das Putschregime in Kiew hat eine Militäraktion angekündigt, um die Städte und Gemeinden der Ostukraine von oppositionellen Demonstranten zu säubern. Der erste Versuch nahm einen so absurden Verlauf, dass Kiew weltweit zum Gespött wurde: Ein »Bataillon« ukrainischer, prorussischer Babuschkas stellte sich Panzern der Kiewer Armee in den Weg, die geschickt worden waren, um die Proteste zu beenden. Viele *YouTube*-Amateurvideos zeigen, dass sich die ukrainischen Soldaten solidarisch mit ihren ethnisch russischen Brüdern zeigten und viele sogar ihre Panzer übergaben und sich auf die Seite der Opposition gegen Kiew schlugen.

Der Prawyj Sektor

Nach den Vierparteiengesprächen in Genf einigten sich das Putschregime aus Kiew und die russische Regierung zusammen mit der EU und den USA darauf, dass sowohl die Besetzer der Ostukraine als auch die illegalen Neonazi-Milizen des *Prawyj Sektor* offiziell entwaffnet werden sollten. Der *Prawyj Sektor*, eine Sammlung von vielleicht 10 000 Mann, darunter Schläger und Psychopathen, hat während der Proteste Waffen aus einem Waffenlager des ukrainischen Innenministeriums erbeutet und terrorisiert heute Bürger, die dem Putsch kritisch gegenüberstehen, wie mir ukrainische Augenzeugen berichten. Der *Prawyj Sektor* weigert sich, die Waffen abzugeben, obwohl das ukrainische Parlament mit überwältigender Mehrheit dafür gestimmt hatte.

Insbesondere seit dem Genfer Abkommen vom 17. April überzieht Washington Russland mit einem ständigen Schwall von Attacken, weil die ethnisch-russischen Demonstranten in der Ostukraine nicht entwaffnet würden. US-Außenminister John Kerry forderte von Putin, die ukrainischen Demonstranten zu zwingen, ihre Waffen abzugeben. Putin antwortete, dies stehe nicht in seiner Macht. Während eines Besuchs in Kiew erklärte Kerry: »Russland hat hart daran gearbeitet, einen Vorwand für eine weitergehende Invasion zu schaffen.«[1] Und fünf Tage nach der Unterzeichnung des Genfer Abkommens traf sich US-Vizepräsident Joe Biden in Kiew mit der Putschregierung und forderte Putin ebenfalls auf, die Krise einseitig zu lösen, andernfalls drohten weitere Sanktionen. Weder Biden noch Kerry verloren ein Wort über den *Prawyj Sektor*.

Riskiert Putin, in eine »Teerbaby-Falle« zu geraten?

In den vergangenen Tagen, inmitten wachsender Spannungen über die Ostukraine, haben das Kiewer Putschregime, aber auch die russischen Streitkräfte Zehntausende von Soldaten nahe der östlichen russisch-ukrainischen Grenze zusammengezogen.

In dieser Lage hat Putin seine Bereitschaft bekundet, militärisch einzugreifen, um ethnische Russen vor Übergriffen und Gewalt zu schützen. Er erklärte: »Wenn wir sehen, wie sich Verbrechen ungehemmt auf die östlichen Regionen des Landes ausbreiten, und wenn uns die Menschen um Hilfe bitten und uns bereits die offizielle Anfrage des legitimen Präsidenten (des gestürzten, aber demokratisch gewählten Wiktor Janukowytsch – W. E.) vorliegt, behalten wir uns das Recht vor, alle zur Verfügung stehenden Mittel einzusetzen, um diese Menschen zu schützen. Wir betrachten dies als absolut legitim.«[2] Er zitierte die Anfrage, die er von dem gestürzten ukrainischen Präsidenten Janukowytsch erhalten hatte, als Begründung für das mögliche Recht zu intervenieren und erklärte, wenn Russland entscheide, die russischen

Streitkräfte einzusetzen, sei dies rechtlich begründet. Russland hat einen Brief des gestürzten Präsidenten veröffentlicht, in dem dieser um militärische Hilfe bittet, um den Aufstand niederzuschlagen.

Indem Putin sein Recht beansprucht, in der Ostukraine militärisch zu intervenieren, hat er sich weit vorgewagt. Paradoxerweise riskiert er, in dieselbe Falle zu tappen, aus der er US-Präsident Obama im letzten August in Syrien heraushalf. Wie sich der Leser erinnert, beschuldigten damals saudi-arabische und andere Medien die syrische Regierung, Chemiewaffen wie das tödliche Gas Sarin gegen die eigene Zivilbevölkerung einzusetzen. Obama stand unter enormem Druck vonseiten rechter Republikaner im US-Kongress, sein früheres törichtes Versprechen einzulösen, sollte Assad in Syrien Chemiewaffen einsetzen, wäre damit eine rote Linie überschritten, was ein direktes militärisches Eingreifen der USA nach sich ziehen werde. Die eigene militärische Führung war damals vehement dagegen.

Erst als Putin Obama einen Ausweg anbot, bei dem dieser sein Gesicht wahren konnte, und die Abrüstung der Chemiewaffen der syrischen Regierung vermittelte, konnte Obama einen drohenden katastrophalen Krieg abwenden. Jetzt schafft dieselbe Kriegsfraktion innerhalb der Obama-Regierung – Sicherheitsberaterin Susan Rice, UN-Botschafterin Samantha Power, CIA-Direktor John Brennan und andere – das Klima für einen Krieg um die Ukraine.

Die Gefahr besteht, dass Putin mit der offenen Erklärung seiner Bereitschaft, notfalls militärisch in der Ostukraine einzugreifen, sich in derselben Falle wiederfindet wie Obama. Ich nenne das »Tar-Baby«-Falle, zu Deutsch: »Teerbaby«-Falle. Das Bild des Teerbabys stammt aus den »Onkel Remus-Geschichten«, die in den 1880er-Jahren und danach in Amerika sehr beliebt waren. Autor war Joel Chandler Harris, ein Schriftsteller aus Atlanta, Georgia. Das Teerbaby war eine Puppe aus Teer und Terpentin, das der schlaue »Bruder Fuchs« benutzte, um »Bruder Hase« zu umgarnen und ihn damit schließlich aus dem Weg zu räumen. Die US-geführte NATO setzt offenbar zunehmend auf eine Version des Szenarios der Teerbaby-Falle, indem sie sich angesichts der Entwicklungen in der Ukraine und eines möglichen russischen Einschreitens machtlos gibt.

Diese scheinbare Machtlosigkeit der NATO macht Putin offenbar übermütig und kühner. Man betrachte nur seine Erklärungen in seiner kürzlich ausgestrahlten jährlichen Frage-und-Antwort-Stunde im Fernsehen, wo er zugab, russische Sondereinheiten ohne Uniform auf die Krim zu schicken, um Kiew vor dem Referendum daran zu hindern, Gewalt auszuüben. Ein übermütiger Putin riskiert, enorme Fehleinschätzungen zu treffen. Und genau darauf könnten bestimmte Kreise in Washington insgeheim hoffen.

Wenn Putin also ganz offen sein Recht verteidigt, zum Schutz der Russen in der Ukraine einzugreifen, würde die Bühne bereitet für jemanden wie CIA-Chef Brennan, der gerade zu Geheimgesprächen in Kiew weilte, um anzuregen, Kiew sollte es Banden des neonazistischen Rechten Sektors »erlauben«, in die Ostukraine zu reisen und ethnische Russen zu terrorisieren und zu töten; möglicherweise wurde Kiew als Gegenleistung eine direkte NATO-Intervention angeboten.

Dem *Prawyj Sektor,* deren Mitglieder seit den Tagen des Zweiten Weltkriegs und der Stalin-Ära einen tiefen Hass gegen Russland hegen, würde diese terrorisierende Rolle eindeutig gefallen. Das macht die US-Unterstützung für den *Prawyj Sektor* so wahnsinnig gefährlich für den Weltfrieden. Die törichten Hintermänner in Washington versuchen gar nicht erst, sich die volle Dimension dessen, was sie da schaffen, auszumalen. Terrorakte des *Prawyj Sektor* gegen ethnische Russen in der Ukraine würden dem Putschregime in Kiew Raum verschaffen, seine Unschuld und die Unfähigkeit zu erklären, die gesetzlosen Neonazis unter Kontrolle zu halten. Washington könnte seine Abscheu gegenüber den Gewalttaten erklären und nichts tun, bis … Putin eine russische Militärintervention anordnete.

Dann würden der US-amerikanische militärisch-industrielle Komplex und die einflussreichen Superreichen hinter diesem militärischen Komplex endlich den Weltkrieg haben, den sie offenbar für nötig halten, um den Verlust ihrer globalen Macht zu stoppen. Seit der Kubakrise von 1962 war die Welt einem Weltkrieg nicht mehr so nahe wie heute. Frau Merkel, Herr Steinmeier, was denken Sie über diese Möglichkeit, wenn Sie Washington mit ihrer einseitigen Verurteilung Russlands gnädig stimmen? Präsident Obama, ist es zu spät, sich von der Klippe zurückzuziehen, an die Sie Ihre verräterischen Berater gedrückt haben, und ein echter Friedenspräsident zu werden?

– 3. Mai 2014

Endnoten:

1 Kathy Lally & Will Englund, »Putin says he reserves right to protect Russians in Ukraine«, in: *The Washington Post,* 8. März 2014.

2 Ebd.

22

Barack Obama – der einsamste Staatslenker der Welt

Barack Obama ist zurzeit wohl der einsamste Staatslenker der Welt. Immer wieder wird er von seinen Vertrauten und Beratern betrogen, von »Freunden« verraten und von seinen Gegnern gehasst.

Seine nationale Sicherheitsberaterin Susan Rice gehört zusammen mit Obamas UN-Botschafterin Samantha Power und der ehemaligen Außenministerin Hillary Clinton zu den Architektinnen der verheerenden Kriege in Libyen und Syrien sowie des nun gegen Russland geführten Kalten Krieges um die Ukraine. Sie drängt den Präsidenten dazu, in jedem Winkel der Welt einen Krieg anzufangen. Rice ist eine moderne Version des psychopathischen Teddy Roosevelt. Gäbe es heute noch Kreuzzüge, könnte man sie sich gut als Fanatikerin vorstellen, die das Schwert gegen die Ungläubigen schwingt. 1996 war Susan Rice als Afrika-Beauftragte des US-Außenministeriums für Kongo-Kriege verantwortlich, angeführt von Ruanda, bei denen mehr als fünf Millionen Menschen starben. Ziel war es, »Mobutu loszuwerden«.

Obamas CIA-Direktor John Brennan, der erst jüngst versuchte, eine russische Invasion in die Ukraine anzustiften, ist als primitiver Schläger bezeichnet worden. Er unterstützte die Foltermethoden der CIA und verteidigte CIA-Drohnenangriffe in Pakistan, im Jemen, in Somalia, Libyen und Afghanistan – nicht gerade die Art Geheimdienstberater, den ein Präsident braucht, der den Frieden will.

Offenkundig ist Obama, wenn überhaupt, nur von sehr wenigen echten Freunden umgeben, im Gegensatz zu einem Präsidenten wie John F. Kennedy, der mit seinem Bruder Bobby und anderen Beratern einen engen Vertrautenkreis um sich hatte.

Monat für Monat betrog seine Ex-Außenministerin Hillary Clinton die Interessen der USA und des Präsidenten. Als sie aus dem *State Department* ausschied, machte sie Platz für Leute wie die frühere Beraterin von Vizepräsident Dick Cheney, die neokonservative Kriegstreiberin Victoria »Fuck the EU« Nuland. Sie soll auch weiterhin einen Keil zwischen die USA und Europa treiben – mit dem Ziel, einen neuen Kalten Krieg in die Wege zu leiten, als Vorbereitung für Clintons geplante Präsidentschaftskandidatur 2016. Clinton, die gemeinsam mit ihrem korrupten Ehemann Bill seit ihrer Zeit in Arkansas zum innersten Kreis der intriganten Bush-Familie zählt, ist hinter den Kulissen aktiv, um Obama zu schwächen und ihn vor der Wahl 2016 emotional fertigzumachen.

Außerhalb vom Weißen Haus und der Demokratischen Partei wird Obama an allen Ecken und Enden von Benjamin Netanjahus korrupten Freunden aus der rechtsgerichteten *Likud*-Partei ausgebremst. Der Multimilliardär Sheldon Adelson, der in Las Vegas und Macao Kasinos betreibt, hat im Namen seiner Netanjahu-Kumpel dem Präsidenten offen den Krieg erklärt; Berichten zufolge soll er im Präsidentschaftswahlkampf Romney gegen Obama 150 Millionen Dollar gegen den amtierenden Präsidenten Obama investiert haben. Offensichtlich auf Drängen von Kreisen um Netanjahu hat Adelson die Stimmen wichtiger Kongressabgeordneter in Washington gekauft, um Obamas Politik einer Wiederannäherung an den Iran oder eines Auswegs aus dem Syrien-Debakel zu sabotieren.

Kiew steht kurz vor der Explosion

Schwach und isoliert, hat Obama den Neokonservativen und Kriegstreibern in seinem Umfeld nachgegeben und scheint entschlossen, Wladimir Putin zu einem neuen »Adolf Hitler« zu machen – eine törichte Politik, die sogar Ex-Außenminister Henry Kissinger kürzlich mit den Worten kritisierte: »Wladimir Putin zu verteufeln ist keine Strategie …« Die am 17. April erzielte Einigung zwischen Russland, der Ukraine, der EU und den USA zur Entschärfung der Krise in der Ukraine steht vor dem Kollaps, weil sich Washington, die EU und die »Putschregierung«

der Ukraine weigern, die mehrere Tausend Mann starken Neonazi-Terroristen des *Prawyj Sektor* zu entwaffnen. Der *Prawyj Sektor* gilt viel in der ukrainischen Regierung.

Diese Allianz rechtsgerichteter nationalistischer Gruppen und paramilitärisch organisierter Neonazis, zu der auch die Kräfte der Ukrainischen Nationalversammlung – Ukrainische Selbstverteidigung (UNA-UNSO), die »*Gladio-B*«-Kräfte der NATO, zählen, hatte bei den Protesten auf dem Majdan-Platz, bei denen sie für die »Sicherheit« zuständig war, als Erste tödliche Gewalt gegen die staatlichen Polizeieinheiten eingesetzt. Sie bewarf Polizisten mit Molotowcocktails und selbst gebastelten Bomben.

Eine Resolution des ukrainischen Parlaments vom 1. April, wonach alle paramilitärischen Milizen verpflichtet wurden, ihre Waffen abzugeben, lehnte die Allianz ab; sie ist seit dem Putsch regelmäßig an Schießereien beteiligt und verfügt über ein großes Arsenal an Waffen, die aus einem Waffenlager des Innenministeriums nahe der westukrainischen Stadt Lwiw erbeutet wurden.

In voller Kenntnis der Natur des *Prawyj Sekto*r unterstützten Schlüsselleute der Obama-Regierung wie Susan Rice und Victoria Nuland im Februar wissentlich einen Putsch gegen den demokratisch gewählten Präsidenten Janukowytsch. Jetzt fungieren die rund 10 000 bewaffneten Kämpfer des Rechten Sektors in Kiew wie ein Bündel Dynamitstangen in der Nähe eines Feuers – der geringste Lufthauch könnte sie zur Explosion bringen.

Währenddessen nutzen Sprecher des US-Außenministeriums die russischen Verhandlungsversuche dazu, Russland weiter zu bedrohen. Das *State Department* sabotiert jede Aussicht auf eine friedliche Lösung, indem Russland weitere Sanktionen angedroht werden, sollte Russland das Genfer Abkommen nicht einhalten, erwähnt aber die Entwaffnung des Rechten Sektors mit keiner Silbe. Der derzeitige Chef des ukrainischen Rats für Nationale Sicherheit und Verteidigung, Andrij Parubij, ist zusammen mit Oleh Tjahnybok, dem jetzigen Vorsitzenden der *Swoboda*-Partei im Parlament, Mitbegründer der neofaschistischen Sozial-Nationalen Partei der Ukraine. Parubij leitete die Sicherheits- und Terror-Operationen des *Prawyj Sektor* auf dem Majdan-Platz.

Ein *US State Department,* das sich auf eine unkontrollierte Gruppe von Psychopathen verlässt, bedeutet keine sichere Basis für den Weltfrieden. Dass diese Leute einen isolierten US-Präsidenten in die Irre führen, ist noch weit mehr kriminell.

Ein isolierter Obama, umgeben von Dummheit

Das Hauptproblem für Obama liegt meiner Ansicht nach darin, dass er es zugelassen hat, von Dummheit, von durchweg dummen Leuten umgeben zu sein, die teilweise von dunklen destruktiven Plänen getrieben sind. Susan Rice, Samantha Power und John Brennan von der CIA verfolgen ihre eigenen dunklen Pläne, ganz im Gegensatz zu Obama, der als Friedenspräsident in Erinnerung bleiben möchte. General Dempsey von den *Joint Chiefs of Staff* [Vereinigter Generalstab] will offenbar genauso wie Obama einen Krieg vermeiden, denn er hat seine Schrecken erlebt und kennt den Preis dafür. Doch beiden Männern fehlt die persönliche Nähe, die ihnen helfen könnte, sich effektiver durchzusetzen. Der Grund sind kulturelle und andere Unterschiede – bedauerlicherweise.

Der Kern der Dummheit, die Obamas Weißes Haus umgibt, liegt in John Brennans CIA. Die führenden Vertreter der heutigen CIA sind offensichtlich nur zu eindimensionalem Denken in der Lage, das Denken in globalen Systemen liegt ihnen fern. Die CIA wird durch die eigene internalisierte Angst gehemmt, eine Angst, die die führenden Vertreter hindert, die Komplexität der Welt zu erkennen – jenseits von Waterboarding, Folter und Mord. Ihre Mentalität gleicht weitgehend der kleiner Kinder.

Emotional denkt die Führungsschicht der CIA wie Kinder. Ihr kollektives Unvermögen, die Angst vor allem zu überwinden, hält die CIA im Wesentlichen »dumm«. Dasselbe gilt für Leute wie Susan Rice, Samantha Power, John Brennan oder Hillary Clinton. Es ist Zeit für reale Selbstreflexion, immerhin stehen wir am Rande eines neuen Weltkriegs.

Ein einzelner Mann, Präsident Barack Obama, mit all seinen menschlichen Fehlern und Schwächen, trägt auf seinen Schultern die schreckliche Verantwortung für Krieg oder Frieden auf dieser Erde. Eine Minute vor zwölf rief er die USA vom Krieg gegen Syrien zurück, einem Krieg, der die Welt in einen Dritten Weltkrieg hätte stürzen können. Jetzt stellt sich die Frage, ob er den Mut aufbringen wird, erneut einen drohenden Krieg abzuwenden, dieses Mal einen Krieg um die Ukraine, mit Russland als Gegner. Die Uhr tickt, aber es ist noch nicht zu spät, Mr. President.

– 4. Mai 2014

23

Das Odessa-Massaker des Prawyj Sektor

Das im Folgenden genannte Video[1] stammt von einer Einwohnerin aus Odessa, die den Horrortag des 2. Mai überlebte, an dem über 40 Menschen getötet und Hunderte verletzt wurden und der sich zunehmend als brutaler, bewusst geplanter Angriff von bewaffneten Mafia-Schlägern des ukrainischen *Prawyj Sektor* erweist, die mit stillschweigender Einwilligung der regionalen ukrainischen Polizei und der Regierung in Kiew vorgingen.

Es folgt die Zusammenfassung des Berichts eines ukrainischsprachigen Freundes, der mir soeben schrieb: »Dieses Video zeigt eine Frau aus Odessa, die den Horrortag vom 2. Mai überlebte. Sie ist eine wichtige Augenzeugin und beschreibt, was sie sah und hörte.«

Hier ist eine kurze Zusammenfassung ihrer Kommentare auf dem *YouTube*-Video:

- *Die ›prorussischen‹ Aktivisten hatten keine Waffen, nur Stöcke oder Knüppel.*
- *Die Molotowcocktails kamen von außerhalb des Gebäudes.*
- *Die (pro-Kiew oder antirussischen) Radikalen (später hauptsächlich als* Prawyj Sektor *identifiziert – W. E.) stürmten das Gewerkschaftshaus und schafften es in kurzer Zeit, dort einzubrechen.*

- *Die Frau auf dem Video sagt, dass sie zusammen mit drei weiteren Frauen und ungefähr zwölf Männern und noch zwei Männern, die bereits tot waren (erstickt vom Feuer der Molotowcocktails und dem Rauch), in einem anderen Raum war. Die Männer hatten die beiden Toten zu den Frauen gebracht, damit diese Erste Hilfe leisten sollten, aber es war zu spät ... Sie schafften es, den Eingang zu ihrem Raum mit Schränken und Kisten zu blockieren, und konnten die Tür ungefähr 20 Minuten lang halten.*
- *In dieser Zeit hörten die verbarrikadierten 16 Menschen Schüsse auf dem Flur.*
- *Dann boxte jemand an die Tür und bat sie, sie aus dem Flur eintreten zu lassen. Sie sagten, sie seien ebenfalls Pro-Autonomie-Aktivisten (gegen Kiew).*
- *Nach kurzem Überlegen und kurzer Diskussion wollten die Männer in dem Raum die Schränke, die die Tür blockierten, beiseite schieben, sie ließen die Tür nur einen kleinen Spalt offen, um zu sehen, wie die Lage war. Dann fingen die jungen Schläger (sie hatten gelogen) sofort an, durch die kleine Türöffnung in den Raum zu schießen, wo wir 16 uns aufhielten.*
- *Die Frau (auf dem Video) blickte einem der Schläger in die Augen. Er trug eine schwarze Maske und schoss lachend mit seiner Pistole auf sie, verfehlte sie aber Gott sei Dank und rief seinen Freunden zu: ›Ich habe eine Koloradin getötet‹ – ein Slangausdruck für alle, die nach Autonomie für die regionalen Provinzen streben.*
- *Dann warfen die Schläger vielleicht vier Aerosol-Ballons mit irgendeinem Gas in unseren Raum und zwei bis drei Minuten später, nachdem das Gas bei unseren Männern wirkte, schafften sie es, die Tür aufzubrechen und unseren Raum zu betreten.*
- *Dann schossen sie sofort auf alle Männer, und die, die noch lebten, erschlugen sie mit harten Knüppeln. Und das mit den Worten: ›Lass uns die Kugeln sparen und sie so töten ...‹ Diese Bestien schlugen auch auf die beiden toten Männer ein, obwohl die Frauen schrien, dass sie bereits tot waren.*
- *Dann besprachen die Schläger, dass sie die Toten in den Keller bringen wollten.*
- *Die vier Frauen baten sie um Gnade ... und diese Frau (auf dem Video – W. E.) sagte ihnen, sie habe ein kleines Kind ...*
- *Die vier Frauen wurden auf den Flur gebracht, dort war die Hölle los. Viele Leichen lagen überall, sogar auf der Treppe. Viele der terroris-*

tischen Schläger zerrten die Toten zusammen, um sie in den Keller zu werfen.

- *Dann packten sich die Schläger eine der vier Frauen und schubsten sie nach irgendwo. Die Zeugin (auf dem Video) hörte nur ihre Schreie … und dann nichts mehr von der Frau.*
- *Die Frau (auf dem Video) wurde dann ungefähr 15 Minuten lang verhört. Die terroristischen Schläger forderten, sie solle ihnen die Wahrheit sagen, dass sie Russin sei. Aber sie hatte einen ukrainischen Pass, als ihr Wohnort war Odessa eingetragen.*
- *Inmitten des ganzen Chaos gelang es ihr, aus dem Gebäude zu fliehen, wo zu diesem Zeitpunkt die Feuerwehr und die Polizei standen. Die Feuerwehrleute kamen erst nach einer Stunde und 20 Minuten, obwohl die Feuerwehrstation direkt gegenüber dem Gewerkschaftshaus war. Sie behaupteten, sie seien von den terroristischen Schlägern am Eingreifen gehindert worden.*
- *Alle ukrainischen Politiker in Kiew lobten das Massaker an den unschuldigen Bürgern. Und die terroristischen Schläger erhielten einen finanziellen Bonus.*
- *Im Untergeschoss des Gebäudes wurden später viele weitere Leichen gefunden. Viele andere verschwanden einfach.*
- *Diejenigen, die ins Krankenhaus gebracht wurden, flohen bald aus ihren Betten, weil die ukrainische Sicherheitspolizei SBU alle persönlichen Daten von ihnen sicherstellte, um sich später zu rächen.«*

Es sei auch auf einen Bericht von einer weiteren Quelle verwiesen.[2] Nach jüngsten Berichten von Journalisten wurde die Frau auf dem Video aus Odessa seither bedroht und versucht dringend, außerhalb der Ukraine Asyl zu finden.

Erst der Anfang …

Mit derzeit voller Unterstützung aus Washington wähnt sich der *Prawyj Sektor* offenbar im Besitz einer Blankovollmacht für seinen Terror und seine kriminellen bestialischen Übergriffe.

Die neuesten *Tweet*-Berichte der RT-Friedenskorrespondentin und Augenzeugin Irina Galushko, die aus Odessa berichtet, besagten, dass Iwan Kateryntschuk – so heißt der neue regionale Polizeichef, der einigen Berichten zufolge bei den Zusammenstößen letzten Freitag eine maßgebliche Rolle spielte – den terroristischen Schlägern des *Prawyj*

Sektor in Odessa gesagt habe, er sei auch auf dem Majdan-Platz gewesen (wo der Rechte Sektor die Demonstrationsorte mit extremer Gewalt beherrschte – W. E.) und er hoffe, »dass der Rechte Sektor hilfreich und fleißig sein werde«. Er begann seine Ansprache an die Öffentlichkeit mit einem traditionellen Sprechgesang des *Prawyj Sektor:* »Ehre den Helden«. Die Menge antwortete mit dem traditionellen »Tod den Feinden«.[3] Bei seiner Ernennung zum neuen regionalen Polizeichef erklärte Kateryntschuk unter dem Jubel der Schläger des Rechten Sektors: »Separatismus ist illegal und ungesetzlich; Propaganda dafür ebenfalls.«[4]

Weitere Augenzeugenberichte besagen, dass Tausende solcher *Prawyj-Sektor*-Schläger und Neonazis in die Ostukraine und die Region Odessa strömen. Am 24. April, acht Tage vor dem Massaker in Odessa, das von mutmaßlichen Schlägern des Rechten Sektors verübt wurde, gab Dmytro Jarosch, der Anführer der Truppe und ihr Präsidentschaftskandidat, bekannt, dass die Gruppe ihr Hauptquartier von Kiew in die Ostukraine verlegt habe.

»Ich habe mein Hauptquartier nach Dnipropetrowsk verlegt. Das hat den Zweck, die Ausbreitung der Kreml-Infektion zu verhindern«, sagte Dmytro Jarosch bei einer Pressekonferenz in Dnipropetrowsk. Außerdem bestätigte er die Bildung einer neuen paramilitärischen Brigade von ungefähr 800 ausgebildeten terroristischen Schlägern im Osten, eine Sonderkampfeinheit mit Namen »Donbass«. Jarosch weiter: »Wir koordinieren unser gesamtes Vorgehen mit der Führung des Nationalen Sicherheits- und Verteidigungsrats der Ukraine, dem Innenministerium und dem Sicherheitsdienst der Ukraine.«[5]

Gut informierte Quellen vermuten, dass zu den Donbass-Kämpfern auch die für »schmutzige Kriege« zuständige NATO-trainierte »Ukrainische Nationalversammlung – Selbstverteidigung des ukrainischen Volkes« gehört, die seit der Auflösung der Sowjetunion für die NATO als eine Art *Gladio-B* in Tschetschenien und Georgien und jetzt auch zu Hause in der Ukraine russische Soldaten und Zivilisten tötet. Lokale Medien berichten, dass die Donbass-Einheit aus ungefähr 800 Schlägern von der Art bestehen wird, die am 2. Mai in Odessa unschuldige Zivilisten massakrierten.

In der östlichen Ukraine wird die Bühne für einen umfassenden Bürgerkrieg zwischen etwa zehn Millionen russischsprachigen Bürgern und dem übrigen Land bereitet. Die westlichen Mainstreammedien bewahren bisher völliges Schweigen über die Rolle des Rechten Sektors bei den Ereignissen. Wenn sich dieser Wahnsinn noch weiter verbreiten darf, was Gott verhüten möge, wird er über kurz oder lang Putin hineinziehen, und dann hätten Victoria Nuland, Susan Rice, Samantha Power und CIA-Chef John Brennan ihren Weltkrieg, den sie sich so sehnlich wünschen.

– 5. Mai 2014

Endnoten:

1 Siehe: *https://www.youtube.com/watch?v=ovX9tVTq6KI#t=78* (aufgerufen: September 2014).
2 Sbors: »Wie Menschen in Odessas Gewerkschaftshaus ermordet wurden – Details zum Mordszenario«, in: *LiveJournal*, 5. Mai 2014, zu finden unter: *http://sbors.livejournal.com/686.html* (aufgerufen: September 2014).
3 Quelle: *twitter.com/IrinaGalushkoRT* (aufgerufen: September 2014).
4 Ebd.
5 *rt Question more:* »Ukraine's far-right leader moves HQ to the east, forms new squadron«, 24. April 2014, *zu finden unter: http://rt.com/news/154452-right-sector-yarosh-unit/* (aufgerufen: September 2014).

24

Der Gangster, der die US-Republikaner kaufte

Seit George W. Bush 2001 als neuer Präsident ins Weiße Haus einzog, hat sich die US-Politik auf nationaler Ebene grundlegend verändert. In den vergangenen rund 13 Jahren wurden die wichtigsten Republikaner, die eine Sperrminorität, manchmal auch eine Mehrheit, gegen wichtige politische Initiativen des demokratischen Präsidenten Obama bilden, buchstäblich von einem Gangster gekauft, der sich offen mit seiner finanziellen Freigebigkeit brüstet. Sein Name ist Sheldon Adelson, außerhalb Washingtons hat kaum jemand von ihm gehört. Doch die Zeitschrift Forbes listet ihn als drittreichsten Amerikaner, einen Multimilliardär, dessen Vermögen auf atemberaubende 37 Milliarden Dollar (27 Milliarden Euro) geschätzt wird.

In dem Verfahren *Citizens United* vs. *Federal Election Commission* setzte die sehr konservative Mehrheit des *Supreme Court* [Oberster Gerichtshof] der USA im Januar 2010 ein fast 100 Jahre altes Gesetz außer Kraft, durch das die Höhe der Gelder, die Großunternehmen oder Privatpersonen zur Beeinflussung der US-Politik ausgeben durften, begrenzt worden war. Das Gericht gab damit Großspendern die Freiheit, praktisch unbegrenzt zu spenden.

Zu denjenigen, die von der Möglichkeit, die dieses Urteil bot, Gebrauch machten, zählte Sheldon Adelson. Als Erstes spendete er mehrere Millionen Dollar zur Finanzierung des rechtsgerichteten proisraelischen ehemaligen Senators Newt Gingrich für dessen Bewerbung als Präsidentschaftskandidat der Republikaner. Als das scheiterte, gab er schätzungsweise 80 Millionen Dollar, vielleicht sogar mehr, an Mitt Romney, einen verheerenden Kandidaten, der vor Netanjahu katzbuckelte und zum Krieg gegen den Iran aufrief – ein Lieblingsthema Adelsons, der erst kürzlich forderte, eine Atombombe auf den Iran zu werfen.[1]

Bei einem Treffen mit jüdischen Organisationen in New York, unmittelbar nach der Wahl von 2012, wurde Netanjahu vom ehemaligen israelischen Ministerpräsidenten Ehud Olmert beschuldigt, sich offen zugunsten des republikanischen Kandidaten Mitt Romney einzumischen, und zwar sowohl persönlich als auch über seinen finanziellen Förderer, Sheldon Adelson.[2]

Die Verbindung Adelson-Netanjahu

Adelson, der in Boston geboren wurde, entstammt einer jüdischen Familie und besitzt neben dem US-amerikanischen auch einen israelischen Pass. Er zählt zu den engsten Freunden und wichtigsten finanziellen Förderern des israelischen Ministerpräsidenten Bibi Netanjahu. Tatsächlich deutet alles darauf hin, dass Adelson die Organized-Crime-Verbindung zwischen Netanjahus rechtsgerichteter *Likud*-Partei und der Kontrolle über die Politik in Washington darstellt, und zwar sowohl über direktes Geld als auch über Adelsons finanzielle Unterstützung für AIPAC, das einflussreichste politische Aktionskomitee in Washington – das *American Israel Public Affairs Committee*.

Adelson hat versprochen, »koste es, was es wolle«, zu bezahlen, um den nächsten republikanischen Präsidenten 2016 zu kaufen. Er unterstützt rechtsextreme und proisraelische Kandidaten wie die republikanischen Senatoren Ted Cruz und John McCain, jenen Hardliner, der bei dem neokonservativen Putsch in der Ukraine Anfang des Jahres eine maßgebliche Rolle spielte.

Anfang April lud Adelson die vier führenden Kandidaten der Republikaner für 2016 in sein Kasino-Hotel in Las Vegas ein, um ihre Ansichten zu hören und zu entscheiden, wo er seine Millionen zum Kauf des nächsten US-Präsidenten investiert. Wie der israelische Journalist Uri Avnery berichtet, wurde Adelson von israelischen Bodyguards begleitet.[3]

Vorwurf der Geldwäsche

Adelsons Milliarden stammen aus dem Besitz von Spielkasinos in Las Vegas und Macao, einer ehemals portugiesischen, heute zu China gehörenden Insel vor Hongkong. Es ist allgemein bekannt, dass der Hauptzweck von Spielkasinos darin besteht, für das organisierte Verbrechen große Geldsummen zu waschen. Und offensichtlich benutzt Adelson diese Gelder, um sowohl in Israel als auch in den USA Politiker zu kaufen, die seine rechtsgerichteten, kriegsbejahenden Pläne unterstützen.

Jetzt allerdings könnte Adelson erheblicher Ärger drohen. Wie der ehemalige CIA-Agent und Whistleblower Gene »Chip« Tatum unter Berufung auf Quellen im US-Justizministerium meldet, droht Adelson die Festnahme wegen Geldwäsche in Höhe von rund 364 Millionen Dollar, von denen ein Großteil angeblich in den Kauf der Stimmen republikanischer Abgeordneter im US-Kongress und in die Unterstützung von AIPAC, der einflussreichsten Lobby der israelischen *Likud*-Partei, floss.

Laut Tatum bereitet eine sogenannte *Grand Jury* eine Anklage gegen Adelson vor. Ihm werde eine ganze Liste von Vergehen zur Last gelegt, darunter Geldwäsche, Missbrauch von Telefon- und Postdiensten für kriminelle Zwecke und Verschwörung. Adelsons Partner ist bereits in Haft.[4]

Wenn der Geldstrom von Adelson in die US-Politik unterbrochen wird, könnte dies dramatische Folgen für die amerikanische Außenpolitik haben.

– 5. Mai 2014

Endnoten:

1 Richard Silverstein, »Who Hacked Sheldon Adelson and Israel's Defense Ministry?«, Tikun Olam, 12. Februar 2014, zu finden unter: *http://www.richardsilverstein.com/2014/02/12/who-hacked-sheldon-adelson-and-israels-defense-ministry/* (aufgerufen: September 2014).

2 Barak Ravid, »Olmert: Netanyahu interfered in U.S. elections for Sheldon Adelson«, in: *Haaretz*, 7. November 2012, zu finden unter: *http://www.haaretz.com/news/u-s-elections-2012/olmert-netanyahu-interfered-in-u-s-elections-for-sheldon-adelson-1.475990* (aufgerufen: September 2014).

3 Uri Avnery, »The Monster on the Hill«, in: Uri Avnery's Column,

5. April 2014, zu finden unter: *http://zope.gush-shalom.org/home/en/channels/avnery/1396615738/* (aufgerufen: September 2014).

4 Gene Tatum: »Time Running Out on Nevada Crime Boss – Sheldon Adelson Looking at Options«, in: Blog des Kolumnisten Gene Tatum, 26. April 2014, zu finden unter: *http://www.veteranstoday.com/2014/04/26/time-running-out-on-nevada-crime-boss-sheldon-adelson-looking-at-options/* (aufgerufen: September 2014).

25

Ukraine: Heckenschützen des Prawyj Sektor insgeheim von Polen ausgebildet

Nach Berichten gut informierter Quellen aus Polen hat die polnische Regierung bereits vor Beginn der Demonstrationen auf dem Majdan-Platz in Kiew insgeheim eine große Gruppe von Mitgliedern des *Prawyj Sektor* in Heckenschützentechnik und Guerillataktik ausgebildet. Diese Methoden wurden dann im vergangenen Februar angewendet, um die demokratisch gewählte Regierung von Wiktor Janukowytsch zu stürzen. Wenn diese Berichte zutreffen, würde es die Vermutung nahelegen, dass Washington über seinen engen Verbündeten Polen und dessen proamerikanischen Außenminister Radek Sikorski bewusst die Entwicklung geplant hat, die dann zu einem Putsch wurde, der die Welt an den Rand eines neuen Weltkriegs geführt hat.

Wie zuverlässige Quellen in Polen berichten, lud Polens Außenminister Radosław Sikorski im September 2013 86 Mitglieder des ukrainischen Rechten Sektors *(Prawyj Sektor)* ein, angeblich im Rahmen eines universitären Austauschprogramms. Allerdings waren die Gäste keine Studenten, viele von ihnen waren bereits über 40.

Es war Teil einer geheimen NATO-Trainingsoperation, die im NATO-Mitgliedsland Polen an der Grenze zur Ukraine durchgeführt wurde.[1] Entgegen dem offiziellen Programm reiste die Gruppe nicht zur Technischen Universität in Warschau, sondern wurde in ein besonderes

Polizei-Ausbildungszentrum in Legionowo, eine Stunde von Warschau entfernt, geschickt. Dort erhielt sie ein vierwöchiges Intensivtraining in Massenmanagement, Personenerkennung, Kampftaktiken, Kommandofähigkeiten, Verhalten in Krisensituationen, Schutz vor von der Polizei eingesetztem Gas, Barrikadenbau und besonders Schießen, einschließlich der Handhabung von Scharfschützengewehren.

Das Training fand volle zwei Monate vor Beginn der Massenproteste gegen die Regierung Janukowytsch statt, die sich in letzter Minute geweigert hatte, ein Assoziierungsabkommen mit der EU zu unterzeichnen, und stattdessen auf engere Wirtschaftsbeziehungen mit der russisch-eurasischen Union setzte. Die Vorwürfe, die erstmals von dem französischen Strategie-Kommentator Thierry Meyssan veröffentlicht wurden, sind inzwischen durch ein Dokument der Dienststelle des polnischen Generalstaatsanwalts de facto bestätigt worden.[2]

Dass das Training stattfand, wird auch durch veröffentlichte polnische Pressefotos von ukrainischen Anhängern des *Prawyj Sektor* in Nazi-Uniform und ihren polnischen Ausbildern in Zivil bestätigt.[3] Der *Pravyj Sektor* präsentiert stolz verschiedene Nazi- oder naziähnliche Symbole, um sich das Bild von »Schlechtheit« zu geben. Fast einen Monat nach dem Beginn der Demonstrationen gegen die Regierung am 21. November erklärte sich das polnische Parlament *(Sejm)* Anfang Dezember 2013 »vollkommen solidarisch mit ukrainischen Bürgern, die der Welt entschlossen ihren Wunsch nach voller EU-Mitgliedschaft ihres Landes demonstrieren«.

Sikorskis Verrat

Laut diesen Berichten war die Schlüsselfigur, die das Training der ukrainischen Neonazis organisierte – die im November zur offiziellen »Sicherheitstruppe« für die gewalttätigen Demonstranten auf dem Majdan-Platz wurden –, Polens Außenminister und früherer Verteidigungsminister Radek Sikorski. Sikorski wird als Nachfolger der EU-Außenbeauftragten Catherine Ashton gehandelt, deren Amtszeit in diesem Jahr endet.

Derselbe Sikorski spielte am 20. und 21. Februar den besorgten Friedensvermittler, als er gemeinsam mit den Außenministern Deutschlands und Frankreichs, Steinmeier und Fabius in letzter Minute einen Kompromiss zu erreichen versuchte, der zunächst auch tatsächlich die eskalierende Gewalt zu beenden schien. Die einzige Partei, die zu dieser diplomatischen Runde NICHT eingeladen worden war, war Washington. Nicht einmal zwölf Stunden später – inmitten von Schüssen von Polizei und Demonstranten, die später auf das Gebäude eines von Paramilitärs des Rechten Sektors kontrollierten Gebäudes zurückverfolgt wurden – floh Janukowytsch, und die erreichte diplomatische Vereinbarung wurde in der allgemeinen Panik hinfällig.

Der *Prawyj Sektor* und seine Unterstützer hatten einen gewalttätigen Putsch vollbracht. Die Tatsachen dieser folgenschweren Entwicklung wurden von den Mainstreammedien der NATO-Länder systematisch blockiert.

Angesichts der alarmierenden polnischen Enthüllungen über Sikorskis Rolle bei dem frühen Training der Neonazis des *Prawyj Sektor* drängt sich der Verdacht auf, dass seine Rolle bei den Friedensgesprächen im Februar alles andere als die eines ehrlichen Maklers war. Vielmehr wollten er und seine Unterstützer in Washington es offenbar so aussehen lassen, als täten Sikorski und die polnische Regierung alles in ihrer Macht Stehende, um eine gewalttätige Eskalation in der Ukraine zu verhindern. Jetzt, Anfang Mai, werden Kämpfer des Rechten Sektors mit Regierungshubschraubern in die Ostukraine gebracht, wo sie Berichten zufolge für die Tötung Dutzender von Zivilisten verantwortlich sind.

Sikorskis verräterische Rolle in der Ukraine-Krise wurde am 16. April bestätigt, als der polnische Außenminister offen den Einsatz militärischer Gewalt durch das ukrainische Militär unterstützte, an dem auch Kontingente von *Prawyj-Sektor*-Kommandos beteiligt waren. Am 26. April gab ein Mitglied des *Prawyj Sektor* in Kiew zu: »Das unmittelbare Ziel ist es, prorussische Separatisten in der Ostukraine zu stoppen. Wir versammeln Leute, die in die Ostukraine gehen, um die Provokateure zu neutralisieren.« Damit wird ein echter politischer Molotowcocktail geschaffen, von dem sich die NATO erhofft, dass Putin den Fehler macht, aktiv einzugreifen. Das hat er bisher sorgfältig vermieden, da es der NATO den Vorwand liefern würde, eine allgemeine Alarmbereitschaft zu verkünden, ehe schließlich ein Krieg erklärt wird.

Sikorski ist für die Washingtoner Kriegsfalken und Neokonservativen kein Unbekannter. Von 2002 bis 2005 war er »Resident Fellow« des *American Enterprise Institute* in Washington, einer führenden neokonservativen Denkfabrik, der unter anderem der Irakkrieg-Architekt Dick Cheney und Richard Perle angehören. Sikorski war auch Direktor der *New Atlantic Initiative,* einer weiteren Nichtregierungsorganisation (NGO) aus Washington, die nach dem Zusammenbruch des Warschauer Pakts gegründet wurde und eine Schlüsselrolle als Lobbyist spielte, um die ehemals kommunistischen Staaten Osteuropas in die EU und die NATO zu bringen. Sikorskis Ehefrau, die *Washington-Post*-Kolumnistin Anne Appelbaum, war ebenfalls Mitglied des rechtsgerichteten neokonservativen *American Enterprise Institute;* gegenwärtig schreibt sie wütende Artikel in der *Washington Post,* in denen sie Putin und Russland wegen der Annexion der Krim verurteilt.

Außerdem spielte Sikorski eine Schlüsselrolle bei der Aufnahme Polens in die NATO und der Unterstützung für den US-Raketenabwehrschirm in Polen.

In der Regierungszeit Julija Tymoschenkos von 2007 bis 2010 war der heutige, nach dem Putsch ernannte Übergangspräsident der Ukraine, Oleksandr Turtschynow, der das militärische Vorgehen gegen prorussische Demonstranten in der Ostukraine anordnete, Geheimdienstchef und stellvertretender Ministerpräsident. Damals stand er in Verbindung mit dem polnischen Ministerpräsidenten Donald Tusk und dem damaligen Verteidigungsminister Radosław Sikorski.

Kurz: Polen, das im 18. Jahrhundert einen großen Teil der westlichen Ukraine als Teil des polnisch-litauischen Großstaats unterwarf, spielt eindeutig eine Schlüsselrolle bei der Schaffung des derzeitigen explosiven Konflikts zwischen Russland und der NATO, und zwar im Auftrag der Neokonservativen der Obama-Regierung im US-Außenministerium und im Pentagon. Obama agiert wie in Trance, überwältigt vom Tempo der Ereignisse, deren Kontrolle ihm längst entglitten ist. Das ist – vorsichtig gesagt – gefährlich.

– 7. Mai 2014

Endnoten:

1 Thierry Meyssan, »Ukraine: Poland trained putchists two months in advance«, in: *Voltaire Network,* 19. April 2014, zu finden unter: *http://www.voltairenet.org/article183373.html* (aufgerufen: September 2014).
2 *Voltaire Network,* »Polish Attorney General confirms investigation into training of Pravy Sector agents in Poland«, 29. April 2014, zu finden unter: *http://www.voltairenet.org/article183533.html* (aufgerufen: September 2014).
3 Thierry Meyssan, »Ukraine: Poland trained putchists two months in advance«, a. a. O.
4 Ebd.

26

Ist Washingtons Mann, der ukrainische Ministerpräsident Arsenij Jazenjuk, Mitglied von Scientology?

Überzeugenden Berichten zufolge ist Washingtons handverlesener ukrainischer Ministerpräsident Arsenij Jazenjuk ein hochrangiger Eingeweihter der von der CIA geschaffenen *Scientology*-Sekte. Demnach ist …

> *Jazenjuk Absolvent der Kiewer* Dianetics-*Schule, er schloss sich 1998 der* Scientology-*Organisation an, als er als Berater für die Kreditabteilung der* Aval Bank *tätig war. Im selben Jahr unterzeichnete er einen Vertrag mit der sogenannten* »Sea Organisation«, *der Elitestruktur der* »Church of Scientology«. *Jazenjuk ist zurzeit ein hochrangiges Mitglied der Sekte und hat ein »Auditing-Level« von OT-6. Seine Schwester Alina Petrovna Steele (alias Alina Jones), Bürgerin der Vereinigten Staaten, steht ebenfalls mit der* Church of Scientology *in Verbindung. Steele ist in dem Zweig in der Stadt Santa Barbara (USA, Kalifornien) aktiv, und sie ist auf einem niedrigeren Niveau, OT-4 auf einer Skala von 8.*[1]

Laut einem anderen Bericht »ist es bemerkenswert, dass Jazenjuk sich bei seinen häufigen Amerikareisen ständig inoffiziell mit Mr. David Miscavige trifft, den die *Scientology*-Website als ›geistigen Führer der *Scientology*-Religion‹ beschreibt«.[2] 1991 beschrieb die Zeitschrift *Time* den *Scientology*-Führer Miscavige als »Anführer eines enorm profitablen weltweiten Schwindels, der dadurch überlebt, dass er Mitglieder und Kritiker in Mafia-Manier einschüchtert«.[2]

Nach Ansicht gut informierter Geheimdienstquellen aus Washington war *Scientology* ursprünglich Teil des »*MK-Ultra*«-Projekts der CIA.[3] In den USA besitzt sie einen besonderen steuerfreien Status als »Kirche«. Sie unterhält Büros in den meisten Ländern der Welt, darunter auch die Ukraine, und versucht dort, Mitglieder zu rekrutieren, wie die Direktoren des *World Institute of Scientology Enterprises* (WISE) berichten.

In einem anderen Bericht ist zu lesen: »*Scientology* unterhält seine Hauptpräsenz in der Ukraine in der Ivana-Mazepy-Straße 14 im Zentrum von Kiew, nicht weit entfernt vom St.-Michaels-Kloster der ukrainisch-orthodoxen Kirche. Jazenjuk soll der Religion beigetreten sein, als er als Berater für die *Aval Bank* arbeitete. Die Bank, die viertgrößte der Ukraine, wurde 2005 von der Raiffeisenbank aus Österreich übernommen. Die Raiffeisenbank wurde mit Fällen finanzieller Ausplünderung von *Scientology*-Mitgliedern in Deutschland in Verbindung gebracht. Jazenjuks Frau und Kinder und seine Schwester haben in der kalifornischen Stadt Santa Barbara gewohnt. Jazenjuks Schwester dementiert vehement, ein Operating-Thetan-4-Mitglied (OT-4) von *Scientology* zu sein. Es gibt jedoch Berichte, wonach sich Jazenjuk 2009 mit dem *Scientology*-Führer David Miscavige in Kalifornien getroffen hat«.[4]

Seit Jazenjuk im Februar nach dem NATO-geführten Putsch das nicht gewählte Amt des Ministerpräsidenten übernommen hat, unterstützt er die Forderung des Internationalen Währungsfonds nach strenger Sparpolitik und radikaler Privatisierung in der Ukraine, die geschickt bis nach den landesweiten Wahlen am 25. Mai vertagt werden.

Die Europa-Beauftragte des US-Außenministeriums Victoria Nuland erklärte in dem inzwischen berühmten Telefongespräch mit Jeffrey Pyatt, dem US-Botschafter in Kiew, in dem sie die drastische Bemerkung »Fuck the EU« fallen ließ, dass sie sich Jazenjuk als Ministerpräsidenten wünsche und den ehemaligen Boxer Witalij Klytschko und den Neonazi Oleh Tjahnybok von der Swoboda-Partei gern draußen sähe. Es ist keine große Überraschung, dass die »Kämpfer für die Demokratie« auf dem Majdan-Platz Jazenjuk zum Chef des NATO-Putschregimes erkoren.

Scientologys Vorstoß nach Osteuropa

Der Fall von Jazenjuk als *Scientology*-CIA-Marionette passt in ein größeres, bedrohliches Muster. Der neu gewählte Präsident der Slowakei, Andrej Kiska, ist Berichten zufolge Mitglied der *Scientology*-Sekte. Kiska, der nach der samtenen Revolution in der Tschechoslowakei jahrelang in den USA lebte, wurden von dem unterlegenen Kandidaten Robert Fico Verbindungen zu *Scientology* vorgeworfen.

Als Beweis führte Fico an, dass Kiska ein Buch im Verlag von Ladislav Pavlík veröffentlichte, der gleichzeitig Eigentümer einer nach dem *Scientology*-Gründer L. Ron Hubbard benannten Managementschule ist. Pavlík schrieb auch das Vorwort zu dem Buch. Darüber hinaus nahm Kiska, wie TASR berichtet, an mehreren von Pavlík organisierten Veranstaltungen teil.[5]

Während seiner erfolglosen Wahlkampagne für das Amt des Präsidenten der Slowakei behauptete Fico, Kiska habe zwei Jahre seines Lebens mit Aktivitäten für *Scientology* zugebracht. Fico: »Herr Kiska kennt die Menschen dieser Sekte, er kommuniziert mit ihnen, trifft sich mit ihnen und kooperiert mit ihnen. Es ist wirklich ein ernstes Problem für dieses Land, wenn ein Mensch, der mit der *Scientology*-Sekte zu tun hat, für das Präsidentenamt kandidiert.«[6]

Die *Scientology*-Sekte verfolgt ein größeres Projekt zur Schaffung ihres »Heiligen Landes für *Scientology*« auf dem Balkan. Aus *Scientology*-Akten, die von der griechischen Polizei bei einer Razzia im Athener *Scientology*-Zentrum beschlagnahmt wurden, geht hervor, dass *Scientology*-Chef Miscavige den Plan der Errichtung eines Heiligen Landes für *Scientology* auf dem Balkan hegt. Der Superstaat namens »Bulgravia« (für BULgarien-GRiechenland-Albanien-JugoslaVIA) würde aus den genannten Staaten bestehen.[7]

Laut den beschlagnahmten griechischen Akten der *Scientology*-Frontorganisation *Center of Applied Philosophy of Greece* oder KEPHE plant die Sekte, Bulgravia zunächst über Albanien zu errichten, da die dortigen Regierungsstrukturen schwach und das Land wenig entwickelt ist.[8] »Projekt A« – für Albanien – wurde von derselben Organisation entwickelt, vor der Kiska in der Slowakei Businessvorträge hielt. *Scientologys* erstes Ziel in Albanien war das staatliche Fernsehen. Dazu kamen bosnisch-muslimische Muftis und der bosnische Präsident Alija Izetbegović zusammen mit der Kroatisch-Demokratischen Partei, einer rechtsgerichteten politischen Partei.

Ist die Schaffung von Zombie-Regimes unter der Kontrolle von *Scientology* und de facto der CIA in ganz Europa der langfristige Plan von Victoria Nulands neokonservativen CIA-Freunden? Wenn ja, dann sollte der gleichzeitige Amtsantritt von zwei angeblichen Scientologen in der Ukraine und der Slowakei auch in Deutschland Besorgnis erregen.

– 8. Mai 2014

Endnoten:

1 Tom McGregor, »Soros Hires Scientologist to Conquer Ukraine«, in: Dallas Blog, 18. Februar 2014, zu finden unter: *http://www.dallasblog.com/201402181010101/dallas-blog/soros-hires-scientologist-to-conquer-ukraine.html* (aufgerufen: September 2014).
2 Richard Behar, »The Thriving Cult of Greed and Power«, in: *Xenu TV*, 20. Juni 2009, zu finden unter: *http://www.xenutv.com/blog/2009/06/20/the-thriving-cult-of-greed-and-power/* (aufgerufen: September 2014).
3 Wayne Madsen, »The Charge of the Scientology Brigade«, in: *Strategic Culture Foundation*, 1. April 2014, zu finden unter: *http://www.strategic-culture.org/news/2014/04/01/the-charge-of-the-scientology-brigade.html* (aufgerufen: September 2014).
4 Ebd.
5 »Fico accuses Kiska of Scientology ties; Kiska submits criminal complaint«, in: *The Slovak Spectator*, 18. März 2014, zu finden unter: *http://spectator.sme.sk/articles/view/53349/10/fico_accuses_kiska_of_scientology_ties.html* (aufgerufen: September 2014).
6 Wayne Madsen, »The Charge of the Scientology Brigade«, a. a. O.
7 Ebd.
8 Ebd.

27

Die amerikanische Schieferöl-Bonanza kollabiert

Das US-Energieministerium hat die eigene Schätzung über die Menge des wirtschaftlich förderbaren Schieferöls aus dem Monterey-Becken in Kalifornien um 96 Prozent gesenkt. Das bedeutet einen schweren Schlag für den Plan der Obama-Regierung, die Vereinigten Staaten wieder zur globalen Erdöl-Supermacht zu machen.

Es ist ein erstaunliches Eingeständnis: Das US-Energieministerium reduziert seine eigene Schätzung, wie viel Rohöl aus den Schieferformationen entlang der San-Andreas-Verwerfung nördlich von Bakersfield in Kalifornien gefördert werden kann. Die Schieferformation ist als »Monterey Shale« bekannt. Am 21. Mai ließ die *Energy Information Administration* (EIA) des Ministeriums in einer Pressemitteilung verlautbaren, man habe die geschätzte Menge des förderbaren Öls von 17,3 Milliarden Barrel um 96 Prozent auf nurmehr 600 Millionen Barrel reduziert.[1] Vor nicht einmal einem Jahr hatte die Behörde noch von mehr als 15,4 Milliarden Barrel Schieferöl gesprochen, was die neue revidierte Schätzung noch verheerender macht.

Regierung stützt sich auf wertlose Schätzungen

Die nach unten revidierte Schätzung bedeutet einen schweren Schlag für das Mantra über die USA als neue Öl-Supermacht, das Washington in letzter Zeit ständig wiederholte. Wie konnte es geschehen, dass solche viel zu hoch gegriffenen Schätzungen akzeptiert wurden, sodass der Bundesstaat Kalifornien und private Investoren in der Hoffnung auf Profit viel Geld nach Monterey pumpten? Jetzt wird bekannt, dass eine kleine Beraterfirma in Arlington, Virginia, 2010 einen Bericht für die US-Regierung erstellte, der auf einer äußerst dubiosen Methodik beruhte. Und das ist keine kleine Sache.

Der Bericht und überoptimistische Prognosen bestimmter Kreise, wonach die USA zum neuen Saudi-Arabien des Erdöls würden, beruhten auf Schätzungen, die die Ingenieur-Beraterfirma *INTEK Inc.* aus Virginia 2010 für das US-Energieministerium erstellt hatte.[2] Nachdem immer mehr Geophysiker und Experten Zweifel daran anmeldeten, dass es möglich sei, derart große Mengen Schieferöl aus dem Monterey Shale zu fördern, stellt sich nun heraus, dass INTEK bei den Daten über Monterey einige willkürliche Annahmen eingeschmuggelt hatte. INTEK musste zugeben, dass die Zahlen über Monterey nicht von sauber ermittelten Fakten, sondern von technischen Berichten und Präsentationen von Ölgesellschaften abgeleitet waren, insbesondere der Firma *Occidental Petroleum,* die die meisten Pachtverträge in Monterey hält.

Im Juli 2011 wurde der INTEK-Bericht unter der offiziellen Imprimatur der staatlichen EIA veröffentlicht. Für die Welt sah es so aus, als wäre er eine offizielle Schätzung der US-Regierung. Dieser Schein verlieh ihm »Bedeutung« und heizte den von der Wall Street verbreiteten Schieferöl-Mythos kräftig an. Nur im Kleingedruckten auf der Titelseite des Berichts fand sich der Hinweis, dass »die in diesem Bericht geäußerten Ansichten nicht als Ansicht des Energieministeriums ausgelegt« werden sollten.

Die zugrunde liegende Studie, die von der kleinen Beraterfirma erstellt wurde, beruhte offenbar auf verschiedenen Quellen und Methoden. Hinsichtlich der Schätzung des förderbaren Schieferöls in Kalifornien musste der Autor, Hitesh Mohan von INTEK, einräumen, dass die Schätzung über Kalifornien hauptsächlich auf Informationen beruhte, die ihm Ölgesellschaften, allen voran *Occidental Petroleum,* überlassen hatten, die daran interessiert sind, die Zahlen hochzujubeln, um Investoren anzulocken.[3] Mohan gibt zu, dass seine Zahlen vor allem aus technischen Berichten dieser Gesellschaft stammten, die mit ungefähr 650 000 Hektar die meisten Öl-Pachtverträge am Monterey Shale hält.[4]

John Staub, der bei der EIA des Energieministeriums für die Veröffentlichung des fehlerhaften INTEK-Berichts verantwortlich war, gestand kürzlich bei einem Interview ein: »In den Informationen, die wir zusammentragen konnten, finden wir keine Beweise dafür, dass die Ölförderung in diesem Gebiet (Monterey – W. E.) mit Techniken wie Fracking besonders produktiv wäre. Unsere Schätzungen über die Ölförderung plus mangelndes Wissen über geologische Unterschiede zwischen den Ölfeldern haben zu falschen Prognosen und Schätzungen geführt.«[5]

Unabhängige Erdölgeologen wie David Hughes hatten darauf beharrt, anders als bei den Schieferöllagern in North Dakota und Texas, wo intensives Fracking betrieben wird, weil das Schiefergestein dort relativ eben und wie eine Torte geschichtet ist, sei der Monterey Shale durch seismische Aktivität gefaltet und geborsten, das Öl lagere in tieferen Schichten, sodass es auch mit der heutigen Fracking-Technologie praktisch nicht zu fördern sei.[6]

Geopolitische Konsequenzen

Auf der Grundlage der abenteuerlichen Schätzung, die Mohan und INTEK für das Energieministerium erstellt hatten, finanzierte die kalifornische Ölindustrie eine Studie der *University of California* und der Industrie selbst. Darin wurde geschätzt, dass durch die Förderung von 14 Milliarden Barrel Schieferöl in der wirtschaftlichen Krisenregion bis zu 2,8 Millionen neue Arbeitsplätze geschaffen werden könnten. Das Pro-Kopf-BIP würde jährlich um 11 000 Dollar steigen, die Einnahmen des Staates um bis zu 25 Milliarden Dollar pro Jahr.[7] Um an das Öl zu gelangen – sofern es förderbar wäre, was es offensichtlich nicht ist –, müssten laut Schätzungen 28 000 Bohrlöcher gebohrt werden, das wären 16 pro Quadratmeile. Um 14 Milliarden Barrel Öl aus dem Monterey Shale zu fördern, müsste jedes der Borhlöcher im Laufe ihrer Betriebszeit von rund 60 Jahren 550 000 Barrel produzieren. Das Land über der Monterey-Formation sähe dann aus wie ein von Bohrlöchern durchstochenes Nadelkissen.[8]

Selbst Hitesh Mohan, der Autor des INTEK-Berichts, den die Regierung 2011 ihrer Schieferöl-Gesamtschätzung zugrunde legte, gibt zu, dass die Förderdaten aus großen Schieferölprojekten in Texas und North Dakota besagen, dass die Förderung schon nach zwei bis vier Jahren drastisch zurückging. »Die durchschnittliche Lebensdauer einer Schieferölquelle beträgt drei bis vier Jahre. Sie erschöpft sich sehr schnell«, so Mohan. »In den ersten zwei Jahren bekommen Sie 60 bis 70 Prozent der Förderung. Um ein gewisses Förderniveau aufrecht zu erhalten, müssen Sie ständig weiterbohren.«

Doch wie der Geologe J. David Hughes, der die erste detaillierte Analyse über die Bohrergebnisse für Schiefergasbrunnen in Monterey erstellte, betont, legte INTEK seinen langfristigen Schätzungen über das Fracking in Monterey Förderraten von konventionellen Erdölquellen zugrunde, deren Lebensdauer wesentlich höher ist als die von Schieferquellen.

Kalifornien gehört zu den US-Bundesstaaten mit den strengsten Umweltauflagen. Die Industrie hatte behauptet, Beweise für schwere Umweltschäden durch Fracking, bei dem Millionen von Litern hochgiftiger Chemikalien in das Schiefergestein gepumpt werden, und Beweise dafür, dass Gesteinsstrukturen durch Fracking geschwächt und Erdbeben ausgelöst werden können, sollten ignoriert werden. Die Umweltauflagen sollten im Interesse des freien Unternehmertums gelockert oder aufgehoben werden.

Dass der Mythos über das Schiefergas von Monterey nun platzt, hat erhebliche Konsequenzen, vor allem geopolitischer Natur. Die Obama-Regierung hatte erst kürzlich mit ihrer neuen Rolle als wiedergeborene Erdöl-Supermacht der Welt – auf Grundlage ihrer Schätzung für das kalifornische Schieferöl von Monterey – geprahlt. Die Schätzung über die US-amerikanischen Schiefer- oder Tight-Gas-Vorkommen beruhte zu zwei Dritteln auf den 14 Milliarden Barrel Schieferöl aus dem Monterey Shale.

Die Regierung Obama hat erst kürzlich davon gesprochen, Schieferöl und Schiefergas aus den USA könnten die Ukraine in dem gegenwärtigen Konflikt mit Russland retten. Die Ukraine bezieht den größten Teil ihres Erdöls und Erdgases aus Russland. Der 2010 von INTEK erstellte Bericht der amerikanischen EIA ist übrigens auch die einzige Grundlage für die Schätzung, wonach die Volksrepublik China über die »größten« Schieferöl- und Schiefergasvorkommen verfügt. Wenn die EIA jetzt zugeben muss, dass die Schätzungen über das Monterey-Becken weit übertrieben waren, fällt auch ein dunkler Schatten auf diese Schätzungen.

– 3. Juni 2014

Endnoten:

1 Louis Sahagun, »U.S. officials cut estimate of recoverable Monterey Shale oil by 96%«, in: *Los Angeles Times*, 20. Mai 2014, zu finden unter: *http://www.latimes.com/business/la-fi-oil-20140521-story.html* (aufgerufen: September 2014).

2 *U.S. Energy Information Administration*, »Review of Emerging Resources: U.S. Shale Gas and Shale Oil Plays«, 8. Juli 2011, zu finden unter: *http://www.eia.gov/analysis/studies/usshalegas/* (aufgerufen: September 2014).

3 Tom Whipple, »The Peak Oil Crisis: The Monterey Shale Debacle«, in: *Post Carbon Institute*, 28. Mai 2014, zu finden unter: *http://www.postcarbon.org/article/2249769-the-peak-oil-crisis-the-monterey* (aufgerufen: September 2014).

4 »Report: Monterey Shale production "wildly optimistic"«, in: *Kern Golden Empire*, 12. März 2013, zu finden unter: *http://www.kerngoldenempire.com/story/report-monterey-shale-production-wildly-optimistic/d/story/VdOYdQZ-4UKgp7qNwqq8Xg* (aufgerufen: September 2014).

5 Louis Sahagun, »U.S. officials cut estimate of recoverable Monterey Shale oil by 96%«, a. a. O.

6 Ebd.

7 Tom Whipple, »The Peak Oil Crisis: The Monterey Shale Debacle«, a. a. O.

8 »Report: Monterey Shale production "wildly optimistic"«, a. a. O.

28

Putsch in der Ukraine führt Russland und China enger zusammen

Der wachsende Druck, den Washington auf Russland und China ausübt, bringt die beiden eurasischen Großmächte in engere wirtschaftliche und sogar militärische Zusammenarbeit. Das jüngste Anzeichen dafür ist die Unterzeichnung eines Mammut-Erdgas-Vertrags zwischen Peking und Moskau vor wenigen Tagen. Der Vertrag mit einem Umfang von 400 Milliarden Dollar und einer Laufzeit von 30 Jahren wurde nach fast 20 Jahren festgefahrener Verhandlungen unterzeichnet. Die geopolitischen Implikationen sind enorm.

Die historische Vereinbarung zwischen der staatlichen russischen *Gazprom* und der chinesischen staatlichen CNPC *(China National Petroleum Corporation)* ist der größte je vereinbarte einzelne Handelsvertrag. Er wurde zum Abschluss zweitägiger strategischer Gespräche zwischen dem russischen Präsidenten Putin und Chinas Präsidenten Xi Jinping in Anwesenheit von Putin unterzeichnet. Vorgesehen ist die jährliche Lieferung von 38 Milliarden Kubikmetern russischem Erdgas an China. Zum Vergleich: *Gazproms* Verkäufe nach Europa stiegen im vergangenen Jahr um 15 Prozent auf 174,3 Milliarden Kubikmeter.

Seit dem Jahr 2000 ist die Erdgasnachfrage in China infolge der wachsenden industriellen Basis um mehr als das Sechsfache gestiegen, ein Ende ist nicht in Sicht. Mit einer jetzt vereinbarten langfristigen Infrastrukturverbindung mit Russland werden die beiden Volkswirtschaften wahrscheinlich enger miteinander verbunden als je zuvor.

Russland wird rund 70 Milliarden Dollar in Pipelines und entsprechende Infrastruktur investieren, um das ostsibirische Erdgas bis zur chinesischen Grenze zu befördern. China wird weitere 22 Milliarden Dollar investieren, um es an seinen endgültigen Bestimmungsort in chinesischen Industriestädten zu bringen.

Schon ab 2018 soll das Erdgas fließen. Russland wird außerdem seine Ölexporte nach China auf eine Million Barrel pro Tag verdoppeln.[1] Der Vertrag ist ein Meilenstein bei der engeren Bindung der Volkswirtschaften der beiden eurasischen Mächte.

Darüber hinaus bedeutet er einen erheblichen Rückschlag für Washingtons geopolitische Strategie, die Mächte des eurasischen Kontinents gegeneinander aufzubringen, um die Entstehung eines mächtigen Rivalen für – wie Zbigniew Brzeziński es nennt – »Amerikas unangefochtene Hegemonie« zu verhindern. Nach Ansicht des Bilderberg-Beobachters Daniel Estulin steht die geopolitische Bedeutung des russisch-chinesischen Deals ganz oben auf der Tagesordnung der laufenden Bilderberger-Konferenz in Kopenhagen.

Als Wladimir Putin zum zweiten Mal sein Amt als russischer Präsident antrat, verkündete er die Schaffung eines eurasischen gemeinsamen Wirtschaftsraums als seine oberste Priorität. Russland, Kasachstan, Weißrussland und später auch Armenien haben sich darauf geeinigt, formell bis 2015 eine Eurasische Wirtschaftsunion in Gang zu bringen.

Tatsächlich löste die Entscheidung der Regierung von Wiktor Janukowytsch in der Ukraine, sich Russlands Eurasischer Union anzuschließen, die Proteste aus, die Washington dann den illegalen Staatsstreich und die Einsetzung eines russlandfeindlichen Marionettenregimes in Kiew ermöglichten.

Auch Putin »schwenkt« nach Asien

Die Erdgas- und Erdöldeals sind nur ein Teil einer zukünftigen mehrdimensionalen strategischen Partnerschaft – sozusagen Putins Antwort auf Obamas »Asien-Schwenk« in der US-Militärpolitik. Der chinesische Präsident Xi hat die Errichtung einer »Neuen Wirtschaftlichen Seidenstraße« für China zur strategischen Priorität erklärt. Dazu gehört der Bau neuer Hochgeschwindigkeits-Eisenbahnverbindungen entlang der historischen Seidenstraße Zentralasiens durch Russland bis zu europäischen Häfen, beispielsweise Hamburg und Bremen.

Bei einer Chinareise konnte ich kürzlich direkt erleben, welche

Bedeutung die chinesische Regierung dem Infrastrukturprojekt Seidenstraße beimisst, mit dem ganz Eurasien wirtschaftlich verbunden und neue Märkte erschlossen werden sollen. Täglich brachten staatliche chinesische Medien detaillierte historische und aktuelle Berichte über die Bedeutung der Seidenstraße. Chinesische Bürger sprachen mit Stolz und großem Optimismus über das Projekt.

Wenn die Seidenstraßen-Infrastruktur bis auf die Türkei ausgedehnt wird, würde auch dieses wichtige Land in den entstehenden eurasischen Wirtschaftsraum einbezogen. Es könnte zu einem entscheidenden wirtschaftlichen Kreuzungspunkt zwischen Zentralasien, dem Nahen und Mittleren Osten und Europa werden, sofern es Erdoğan gelingt, den Einfluss des von der CIA unterstützten Fetullah Gülen in Schach zu halten und die Türkei gegenüber China und Russland zu öffnen – was zum jetzigen Zeitpunkt nicht unwahrscheinlich scheint.

Während ihrer zweitägigen Gespräche in Shanghai einigten sich Putin und Xi auf ein russisch-chinesisches Joint Venture zum Bau kommerzieller Flugzeuge und leistungsfähiger Hubschrauber sowie die gemeinsame Entwicklung im Bereich Petrochemie. Dies spiegelt die engeren Beziehungen zwischen Peking und Moskau wider und – noch wichtiger – Russlands »Schwenk nach Asien«.

Die russisch-chinesische Zusammenarbeit umfasst aber nicht nur Wirtschaftsbeziehungen, sondern auch eine engere militärische Kooperation. Während seines Besuchs in Shanghai beobachtete Putin zusammen mit Xi das gemeinsame russisch-chinesische Marinemanöver *Joint Sea 2014* im Ostchinesischen Meer. Beide Seiten kündigten die Zusammenarbeit der Streitkräfte beider Länder auch auf anderen Feldern an. In vielerlei Hinsicht ist die Geografie ähnlich wie in den Tagen von Stalin und Mao; aber die Bedingungen angesichts der enormen wirtschaftlichen Entwicklung Chinas seit 1979 sind heute ganz anders. Jede Seite kann wesentliche Elemente in die engere Kooperation einbringen.

Putins Asien-Diplomatie

Putins neuer Schwenk nach Asien betrifft nicht nur China, sondern sieht auch potenziell bedeutende Wirtschaftsverträge mit Japan und beiden Koreas vor, die Washingtons jüngsten Bemühungen, absichtlich Spannungen zwischen China, Japan und Südkorea zu erzeugen, einen Dämpfer verpassen könnten. Russland hat kürzlich ohne große Fanfare einen Schuldenstreit mit Nordkorea beigelegt; zehn Milliarden Dollar

Schulden wurden erlassen, für die restliche eine Milliarde Dollar wurden großzügige Bedingungen eingeräumt.

Die russische *Gazprom* und das nordkoreanische Energieministerium haben sich auf den Bau einer Erdgaspipeline geeinigt, die nahe der Siedlung Chassan am Tumen-Fluss die russisch-nordkoreanische Grenze überqueren soll. Die Pipeline würde dann durch die Demokratische Volksrepublik Korea zur Republik Korea *(Korea Gas Co.)* verlaufen. Damit würde sie in einer sich herausbildenden neuen Spielart russischer »Gasdiplomatie« sowohl Nordkorea als auch Südkorea mit Gas versorgen. Das Projekt wird seit mehr als zehn Jahren diskutiert, das neue Element ist der energische Einsatz Moskaus, es voranzubringen. Im September wird Putin zu einem Besuch nach Japan reisen, wo die Regierung Abe – von den USA ermuntert – China mit Provokationen über eine unbewohnte Inselgruppe im Südchinesischen Meer, auf der große Erdöl- und Erdgasvorkommen vermutet werden, überzieht.

Wichtiger noch ist ein ähnliches russisches Projekt zum Bau einer modernen Eisenbahnverbindung von Südkorea durch Nordkorea nach Russland, wo sie an die Transsibirische Eisenbahn anknüpfen soll. Damit würden erstmals direkte Hochgeschwindigkeits-Eisenbahnverbindungen von der Republik Korea zu den europäischen Märkten möglich, die Kontrolle der *US Navy* über die Meere wäre weniger bedrohlich.

Washingtons dreister Coup und die Destabilisierung der Ukraine und der ukrainisch-russischen Beziehungen seit November letzten Jahres hat die engeren Verbindungen zwischen Russland und seinen östlichen Nachbarn, insbesondere China, befördert. Präsident Obama wird es vielleicht schon bald bedauern, auf die Kriegsfalken in CIA und Außenministerium oder auf die Leiterin seines Nationalen Sicherheitsrats und »Chefkreuzzüglerin« Susan Rice gehört zu haben. Susan Rice scheint einen unheimlichen und ungesunden Einfluss auf den Präsidenten auszuüben.

– 5. Juni 2014

Endnoten:

1 Vanessa Mock, Brian Spegele & Wayne Ma, »China and Russia Sign Natural Gas Deal«, Wall Street Journal, 21. Mai 2014, zu finden unter: *http://online.wsj.com/news/articles/SB10001424052702303749904579575582782386384?mg=reno64-wsj&url=http%3A%2F%2Fonline.wsj.com%2Farticle%2FSB10001424052702303749904579575582782386384.html* (aufgerufen: September 2014).

29

Russland und China auf dem Weg, sich vom Dollarsystem zu befreien

Der US-gestützte Putsch in der Ukraine und die seit vergangenem Jahr eskalierenden Sanktionen gegen Russland plus die von den USA unterstützten Provokationen vonseiten Vietnams, Japans und der Philippinen verändern die Beziehungen zwischen den beiden eurasischen Großmächten Russland und China.

Beide Länder haben nicht nur endlich ein Mammut-Energiegeschäft über die Lieferung russischen Erdgases an China, Vereinbarungen über die gemeinsame Produktion von Militärflugzeugen und eine engere militärische Kooperation vereinbart, sondern beide sind jetzt auf dem Weg, sich von der Dominanz des Dollarsystems zu befreien. Wenn sie damit Erfolg haben, bedeutet es den Todesstoß für die globale Vormachtstellung Amerikas, das berühmte »amerikanische Jahrhundert«.

Erste wichtige Schritte

Am 3. Juni kündigte der russische Finanzminister Anton Siluanow die ersten Schritte beider Länder in Richtung einer Kooperation in der Geldpolitik an. Bei einem Treffen mit der Führung der chinesischen Zentralbank unterzeichnete Siluanow eine Kooperationsvereinbarung über eine engere Zusammenarbeit zwischen den Finanzministerien Russlands und Chinas.[1]

Siluanows Chinabesuch folgte auf Präsident Putins Treffen mit Chinas Präsident Xi Jinping im Mai in Schanghai. Dort hatten beide ein größeres Finanzabkommen unterzeichnet – ein Hinweis auf engere Beziehungen Russlands mit China, und zwar auf allen Ebenen.

Anders als in der Stalin-Ära, als China noch zu den rückständigsten Ländern der Welt gehörte, ist China heute ein wirtschaftlicher Gigant, sodass sich der Dialog völlig anders gestaltet als in den 1950er- und 1960er-Jahren. Damals manipulierte der Westen Spannungen, die 1969 zum russisch-chinesischen Bruch führten, dem 1971 unter Nixon und Kissinger die Öffnung der USA nach China folgte.

Weder China noch Russland haben die Einzelheiten des kürzlich vereinbarten 400-Milliarden-Dollar-Gasgeschäfts bekannt gegeben, aber alles deutet darauf hin, dass das Geschäft insgesamt, zumindest aber in großen Teilen, über bilaterale Währungsvereinbarungen unabhängig vom Dollar abgewickelt wird.

Da beide Länder schon jetzt Renminbi-Rubel-Arrangements nutzen, um der Gefahr zu entgehen, dem Dollar zu stark ausgesetzt zu sein, könnte das Gasgeschäft eine wesentliche Veränderung für die Rolle des Dollars als Weltreservewährung bedeuten.

Die US-Regierung konnte nur deshalb 40 Jahre lang mit Handelsdefiziten und Haushaltsdefiziten operieren, weil die übrige Welt so gehorsam wie töricht den Dollar als stabile und sichere Währung betrachtet und mit ihren Handelsüberschüssen US-Staatsanleihen aufkauft. Dies ist auch einer der Gründe dafür, dass Washington in der Lage war, von Irak bis Afghanistan mit »geliehenem Geld« Krieg zu führen.

China ist diese verdrehte Realität mittlerweile klar geworden, wie ich dort unlängst bei Gesprächen mit führenden Akademikern bestätigen konnte. Heute ist China der größte Halter amerikanischer Staatsanleihen und anderer in US-Dollar ausgewiesener Papiere. Das Land besitzt insgesamt rund 3,8 Billionen Dollar an Reserven, davon circa 60 Prozent in US-Staatspapieren. Die Stärke des Euro in letzter Zeit ist darauf zurückzuführen, dass China Euros aufkauft. Gleichzeitig kauft die chinesische Zentralbank seit einiger Zeit auf den internationalen Märkten in großem Stil Gold, um die eigenen Goldreserven aufzustocken.

Das ist vermutlich die Vorbereitung zur Sicherung der Vermögenswerte angesichts eines unvermeidlichen Wertverfalls des Dollars durch nicht aufzuhaltende US-Haushaltsdefizite und das Schuldenwachstum. Die US-Staatsverschuldung hat gerade die alarmierende Marke von 103

Prozent des BIP durchstoßen und nähert sich Werten wie Griechenland oder Italien.

Das alles gibt einen starken Anreiz, wo immer möglich Alternativen zum Dollar zu nutzen. Schließlich ist es ziemlich dumm, wenn auch nur indirekt die Regierung zu finanzieren, deren Kriege in aller Welt darauf abzielen, Chinas Handlungsspielraum in der Welt einzugrenzen.

Eine eigene Ratingagentur

Wenn die EU-Regierungen noch immer im Sumpf der Euro-Schuldenkrise stecken, so ist das zum Teil darauf zurückzuführen, dass die rund zehn privaten Großbanken – von der Deutschen Bank über HSBC, *BNP-Paribas*, UBS, *Société Générale*, *Crédit Agricole* bis zur *Royal Bank of Scotland* mit Vermögenswerten, die höher sind als das BIP der meisten Länder – gemeinsam mit den sechs Wall-Street-Großbanken buchstäblich ein Bankerkartell bilden, das die »Spielregeln« diktiert.

Da die US-Ratingagenturen tief in die Korruption der Topbanken eingebunden sind, werden Ratings als Waffe eingesetzt, um potenzielle Rivalen zu schwächen. Die EU-Regierungen haben eine sinnvolle Alternative vorgeschlagen: eine neutrale, unabhängige europäische Ratingagentur. Washington und die Großbanken-Lobby haben den Plan gekillt, das Nachsehen hat die EU.

China und Russland sind sich der politischen Verbindungen der New Yorker Ratingagenturen *Moody's* und *Standard & Poor's* vollkommen bewusst. Im Rahmen seiner Gespräche in Peking einigte sich Siluanow mit der chinesischen Seite auf die Einrichtung einer gemeinsamen russisch-chinesischen Ratingagentur, die zu einer international akzeptierten Alternative zu den allzu oft falschen Ratings der US-Agenturen werden könnte.

Gegenüber der Presse erklärte der Minister in Peking: »Am Anfang wird die Agentur russisch-chinesische Investitionsprojekte bewerten, und zwar im Hinblick darauf, Investoren aus asiatischen Ländern anzuziehen. Wir glauben, dass die Agentur bei weiterem Fortschritt und wachsender Autorität schrittweise ein Niveau erreichen wird, wo ihre Bewertungen andere Länder anziehen.« Die neue gemeinsame Ratingagentur wird Berichten zufolge die bereits bestehende chinesische *Dagong* und eine staatlich unterstützte Institution aus Russland einbeziehen.[2]

Zur gleichen Zeit hat die VTB, Russlands größte Bank, einen Vertrag mit der *Bank of China* unterzeichnet, der auch eine Vereinbarung darüber enthält, gegenseitig in eigener Währung zu bezahlen, den Dollar also zu umgehen. Gleichzeitig sprach Russlands Ministerpräsident Dmitri Medwedew im russischen Fernsehen davon, wegen der von der EU und den USA verhängten Sanktionen werde Russland den Rubel für den Handel nutzen und ihn irgendwann von einer »konvertiblen Währung zu einer Reservewährung« machen.[3]

Für die Strategen der wirtschaftlichen Kriegsführung im US-Finanzministerium und im Weißen Haus könnten sich die Wirtschaftssanktionen gegen Russland und Obamas »Asien-Schwenk« – den die Nationale Sicherheitsberaterin Susan Rice und Neokonservative im *State Department* wie Victoria Nuland entworfen haben – als eines der dümmsten politischen Manöver der jüngeren US-Geschichte erweisen. Und zwar mit der nicht beabsichtigten Konsequenz, dass sich China und Russland nicht nur beschleunigt auf eine Währungspolitik, sondern auf eine strategische Politik auf allen Ebenen einigen. Hoppla!

– 10. Juni 2014

Endnoten:

1 Sergei Guneev, »Russia, China Agree on Cooperation in Monetary Policy«, in: *RIA Novosti*, 3. Juni 2014, zu finden unter: *http://en.ria.ru/russia/20140603/190321552/Russia-China-Agree-on-Cooperation-in-Monetary-Policy.html* (aufgerufen: September 2014).

2 Kathrin Hille, »Russia and China plan own rating agency to rival western players«, *Financial Times*, 3. Juni 2014, zu finden unter: *http://www.ft.com/intl/cms/s/0/03ae1bb8-eb2c-11e3-9c8b-00144feabdc0.html#axzz3CiVs3bVU* (aufgerufen: September 2014).

3 Matt Clinch, »What Russia-China relations mean for the dollar«, in: CNBC, 27. Mai 2014, zu finden unter: *http://www.cnbc.com/id/101705303* (aufgerufen: September 2014).

30

Neonazis des ukrainischen Rechten Sektors verbreiten »offiziell« Terror im Osten des Landes

An den brutalen Übergriffen auf zumeist unbewaffnete und unschuldige Männer, Frauen und Kinder in der Ostukraine, die die Region seit der Wahl des von den USA unterstützten Milliardärs Poroschenko zum Präsidenten des Landes erschüttern, sind die profaschistischen paramilitärischen Einheiten des Rechten Sektors *(Prawyj Sektor)* beteiligt. Dieselben Kräfte waren schon vor dem Putsch am 21. Februar für die tödlichen Schüsse und die Gewalt auf dem Majdan-Platz in Kiew verantwortlich. Die Fakten über die Lage werden von den westlichen Mainstreammedien seit Poroschenkos dubioser Wahl systematisch ausgeblendet.

Die jüngsten Angriffe auf ukrainische ethnische Russen und Unterstützer eines föderativen Systems, das den Bürgern der Ostukraine gleiche Rechte einräumen würde, gehen in jeder Hinsicht an die Grenze des gerade noch Hinnehmbaren. Der Einsatz massiver Gewalt durch die Regierung in Kiew, darunter die Bombardierung von Zivilisten sowie Raketen- und Panzerangriffe zur »Unterwerfung der Terroristen« – als solche bezeichnet die Jazenjuk-Regierung in Kiew die Demonstranten –, zeigt, dass Kiew von einem ernsthaften Dialog mit Moskau über Schlüsselfragen wie den Preis für Erdgas oder die Verwendung der Muttersprache für ethnische Russen in der Ukraine weit entfernt ist.

Vielmehr befolgt die Regierung Befehle aus dem Ausland, die Provokationen gegenüber Russland bewusst zu eskalieren. Die Leidtragenden sind die Bürger in der Ostukraine. Bisher legt Putin fast durchweg eine beispielhafte Zurückhaltung an den Tag, doch das könnte sich schnell ändern, wenn die Kiew-CIA-gesteuerten Provokationen eskalieren, womit gerechnet werden muss.

Das Asow-Bataillon

In einer an Erstaunlichem nicht gerade armen Lage »deputiert« der Kiewer Innenminister Arsen Awakow in einem neuen erstaunlichen Schritt die psychopathischen Mitglieder des Rechten Sektors – »psychopathisch« scheint der einzig richtige Ausdruck zu sein, denn »neonazistisch« ist für eine Gang von Mördern, die Nazi-Embleme und -Bilder verwenden, nicht angemessen –, Angst und Terror zu verbreiten.

Vom Innenminister erhalten sie jetzt den offiziellen Status als Bataillon der ukrainischen Nationalgarde. Die Ausgestoßenen sind keine »Ausgestoßenen« mehr, sondern »Staatsdiener«.

Awakow hat mehrere solcher Einheiten gebildet, diese eine ist als das Asow-Bataillon bekannt. Ihm gehören 70 »Freiwillige« des Rechten Sektors an, die jetzt in Mariupol in der Nähe des Asowschen Meeres in der Ostukraine stationiert sind. Dort waren sie im Mai an der Tötung von mindestens 21 Menschen beteiligt. Ihr Auftrag lautet, paramilitärische terroristische Übergriffe auf ethnische Russen zu lancieren, aber auch auf Ukrainer, die sich als Gegner des Putsches nicht von Schlägern und Mördern regieren lassen wollen.

Emblem des von der Kiew-Junta gebildeten Asow-Bataillons

Die Schwarze Sonne der Nazis

Truppenkennzeichen der SS-Division »Das Reich«

Das offizielle Logo dieses neuen, von der Regierung genehmigten Asow-Bataillons spricht Bände (unten links ein Vergleich mit ähnlichen Bildern von SS und Drittem Reich).

Bei all den Lobpreisungen vonseiten der USA und der EU für die Wahl des »Schokoladenkönigs« Poroschenko zum Präsidenten der Ukraine ist so gut wie nie zur Sprache gekommen, dass er nur das neue (oder gar nicht so neue) Gesicht des früheren Putschregimes nicht gewählter Minister ist, das Washington nach dem Putsch vom 22. Februar ins Amt gehievt hatte. Poroschenkos erste Amtshandlung als Präsident war die Ankündigung, er werde Premierminister Jazenjuk im Amt belassen. Implizit bedeutete das, dass Jazenjuk seine bunt zusammengewürfelte Truppe von Neonazis, Terroristen und Gangstern behalten kann. Zu denen, die ebenfalls im Amt geblieben sind, zählt auch Innenminister Awakow (der früher mit Interpol-Haftbefehl gesucht wurde).

Awakow ist emsig dabei, aus dem Mob des Rechten Sektors und der ihn bildenden extremistischen Gruppen offizielle Bataillone der »Nationalgarde« zu bilden. Das neue Asow-Bataillon, das wegen der schwarzen Gesichtsmasken und Uniformen (die an die Schwarzhemden erinnern) als »Männer in Schwarz« bekannt ist, wird von der Sozial-Nationalen Versammlung kommandiert, einer rassistischen, nationalistischen und gewaltbereiten nationalsozialistischen Gruppe innerhalb des Rechten Sektors.

Deren Mitglieder waren maßgeblich an der von der Regierung gesteuerten Terrorkampagne in Donezk und anderen Teilen der Ukraine beteiligt, nachdem Poroschenko vor zwei Wochen entschieden hatte, die Rebellion im Osten gewaltsam zu »beenden«.

Höchst beunruhigend an dieser Lage ist das Ausmaß, in dem die wirkliche Lage in der Ukraine von den deutschen Mainstreammedien ausgeblendet wird – gemäß einer Linie, wonach Putin als der »Übeltäter« und die ukrainische Regierung als demokratisches und ordnungsgemäß gewähltes Regime dargestellt wird, das als Mitglied der EU und irgendwann sogar der NATO infrage käme.

Es wäre wirklich dumm von den EU-Mitgliedsstaaten, dem zuzustimmen, aber angesichts der vielen Dummheiten, die EU-Mitgliedsstaaten im vergangenen Jahr hinsichtlich der Ukraine begangen haben, scheint dies nicht ausgeschlossen.

– 11. Juni 2014

31

Washingtons neue Strategie: das »Outsourcing« von Kriegen

Es gibt ein neues Element in den Kriegen in Afghanistan, dem Irak, Syrien und jetzt auch der Ukraine: Washingtons gewaltiger Apparat aus Pentagon und CIA setzt auf Globalisierung und das »Outsourcing« der Führung seiner Kriege. Tatsächlich bedeutet es die Privatisierung des Krieges, ein Zurück zum Mittelalter, als Kriege noch Privatfehden zwischen verfeindeten Prinzen waren. Söldner – oder private militärische Dienstleister, wie sie das Pentagon lieber nennt – brauchen sich vor keinem Militärtribunal für begangene Grausamkeiten zu verantworten.

Die Folgen sind katastrophal. Die Söldner bringen Zerstörung und Chaos über die Länder, in die sie entsandt werden. Und es wird immer deutlicher, dass einige Planer in Washington genau dies beabsichtigen.

Söldnerkriege

Sie bestehen darauf, als »Private Sicherheits- und Militärunternehmen«, im Pentagon-Jargon »PMC« [für »Private Military Contractor«], bezeichnet zu werden. Solche Abkürzungen helfen zu verschleiern, was wirklich vor sich geht. Während des Irakkriegs Anfang 2004 ordnete der damalige US-Verteidigungsminister Donald Rumsfeld die Anwerbung paramilitärischer Söldner an, die im Irak Dinge tun sollten, die den offiziellen US-Soldaten von der Genfer Konvention untersagt sind. Das schloss die Folter im berühmt-berüchtigten Abu-Ghraib-Gefängnis genauso ein wie Morde an unschuldigen Zivilisten durch Todesschwadronen. Alles im Interesse von Rumsfelds finsterem Plan, im Irak so viel Chaos zu erzeugen, dass die Einrichtung dauerhafter Stützpunkte in dem Land mit den zweitgrößten bekannten Ölvorkommen der Welt gerechtfertigt war. Rumsfeld wollte Söldner oder PMCs einsetzen, weil er genau wusste, dass das, was er im Irak beabsichtigte, gegen sämtliche Regeln eines zivilisierten Krieges verstieß – sofern ein Krieg überhaupt jemals zivilisiert sein kann.

Da die US-Regierung 2004 de facto eine »Besatzungsregierung« unter Führung von Prokonsul Paul Bremer III war, machte Washington geltend, diese privaten Söldner fielen nicht unter die klar formulierten Regeln der UNO. Laut UN-Söldnerkonvention gilt als Söldner, wer im In- oder Ausland angeworben wird, um eine Regierung zu stürzen oder »auf andere Weise die verfassungsmäßige Ordnung oder territoriale Integrität eines Staates zu unterminieren«. Außerdem, so die Konvention, sei seine Motivation das Streben nach persönlichem Gewinn und eine zugesagte Bezahlung oder materielle Vergütung. Da es sich bei *Blackwater* um ein US-Unternehmen handelte, das eine US-Besatzungsregierung »unterstütze«, falle es, so argumentierte das Pentagon, nicht unter die Bestimmungen der Genfer Kriegskonvention.[1] Sonst wären sie zu »illegalen Kombattanten« erklärt worden und hätten der Rechtsprechung des Landes, in dem sie töten, unterlegen. Das hätte unter Umständen die Todesstrafe bedeuten können.

Frühere US-Soldaten heuerten direkt nach dem Ausscheiden aus dem Dienst bei *Blackwater* und anderen PMCs an, um dort ein Vielfaches von dem zu verdienen, was sie als US-Soldaten erhalten hatten. Sie arbeiteten für das Pentagon, aber privat – die Privatisierung der Kriegsführung. Viele bezeichnen Söldner als die »Huren des Krieges«, da sie ihre Dienste jedem verkaufen, der angemessen bezahlt. Eigentlich ist diese Bezeichnung eine Beleidigung für das älteste Gewerbe der Welt. Die Beispiele Afghanistan, Irak, Syrien und in der letzten Zeit auch die Ukraine demonstrieren die beängstigende Entwicklung.

Irak

2004 beorderte Rumsfeld persönlich Oberst James Steele in den Irak, um dort einen Kleinkrieg oder »Bandenkrieg« zu entfesseln und auf diese Weise mehr radikalisierte Dschihadisten zu schaffen.

Steele, ein Veteran der US-Sondereinsatzkräfte, organisierte paramilitärische Gruppen im Irak. CIA und Pentagon wollten schiitische Milizen auf die Beine stellen, die gegen säkulare, Saddam-treue Nationalisten von der *Baath*-Partei kämpften. Dazu wurde ihnen erlaubt, irakischen Sicherheits- und Polizeikräften, einschließlich eines Sonderpolizeikommandos (SPC, *Special Police Commando*), beizutreten. Zum SPC gehörten zahlreiche Mitglieder der *Badr*-Brigaden, die 1982 im Iran als militärischer Arm des Obersten Rates für die Islamische Revolution im Irak (SCIRI) aufgestellt worden waren.

Spezialist für den »schmutzigen Krieg«: Oberst James Steele

Von Steele und US-Sondereinheiten organisierte rechtsgerichtete »Todeskommandos« waren in den 1980er-Jahren für Morde und Folterungen im »schmutzigen Krieg« in El Salvador verantwortlich. *Amnesty International* schrieb 2001 in einem Bericht, unter Steele habe es »Hinrichtungen ohne Gerichtsurteil, andere ungesetzliche Tötungen, ›Verschwinden‹ und Folter« gegeben. »Ganze Dörfer wurden von den Streitkräften ins Visier genommen und ihre Einwohner massakriert.« Steele führte ein Team von 55 Angehörigen der US-Sondereinsatzkräfte, die als »Berater« der salvadorianischen Armee tätig waren.

2004 tauchte Oberst James Steele dann im Irak auf, persönlich eingeladen vom US-Verteidigungsminister, um seine besonderen Fähigkeiten einzusetzen. Steele war Rumsfeld direkt unterstellt und nicht seinen regulären Vorgesetzten – ein höchst ungewöhnliches Verfahren. Außerdem war er ein langjähriger Freund und Waffengefährte von General Petraeus, der damals für die irreguläre Kriegführung und – wie sich später herausstellte – auch für die Folterzentren im Irak zuständig war.[2]

Afghanistan

Nach der Verkündung des »Sieges« im Irak – es waren »Terrorattacken« niedergeschlagen worden, zu denen Petraeus selbst, Steele und *Blackwater*-Söldner praktisch eingeladen hatten –, ging der General nach Afghanistan, wo er dieselbe Terrortaktik à la Steele anwendete.

Genauso wie im Irak setzte Petraeus zahlreiche Mitarbeiter der privaten Söldnerfirma *Blackwater* ein.

2012, als Präsident Obama in Afghanistan öffentlich die Absicht erklärte, die US-Kampftruppen bis auf wenige verbleibende Soldaten aus Afghanistan abzuziehen, schloss das Pentagon mit *Blackwater/Academi* einen Vertrag, gemäß dem *Academi* den Sondereinsatzkräften des Pentagon Räume im afghanischen *Academi*-Hauptquartier »vermietete«. Dabei handelt es sich um einen riesigen geheimen Komplex außerhalb von Kabul, der mit »Beratungs«-Dollars von Pentagon und US-Außenministerium seit 2009 betrieben wird. Das bedeutet, dass die Elite-Sondereinheit, die *US Special Operations Joint Task Force Afghanistan*, in *Blackwaters »Camp Integrity«* untergebracht sein wird.

US-Sondereinsatzkräften und Kampfflugzeugen wird vorgeworfen, den florierenden Opium- und Heroinhandel in Afghanistan zu begünstigen. Der geheime Luftwaffenstützpunkt in Manas, Kirgistan, gilt als illegaler Umschlagplatz afghanischen Heroins nach Russland und auf die Märkte in Europa und den USA. 2008 beschuldigte Samir Kabulow, Russlands Botschafter in Afghanistan, die US-Regierung und ihre Besatzungstruppen, den Heroinhandel von Afghanistan in den Westen und nach Russland zu unterstützen. Wieder wurde der Stützpunkt Manas als Hauptumschlagplatz genannt. Die Heroinproduktion in Afghanistan boomt seit der US-Invasion und dem Sturz der *Taliban* wie nie zuvor. Die *Taliban* hatten den Mohnanbau aus ihren eigenen internen Gründen verboten.

Die Opiumproduktion ist in Afghanistan unter dem Schutzschirm der US-Besatzung und der NATO-Truppen seit 2001, dem letzten Jahr der *Taliban*-Herrschaft, regelrecht explodiert. 2001 verzeichnete das offizielle Antidrogenprogramm der Vereinten Nationen mit nur 8000 Hektar einen Tiefstwert des Opiumanbaus in Afghanistan. Die *Taliban* unterhielten ein massives Programm zur Ausrottung des Mohnanbaus. Laut UN-Daten hatte der Opiumanbau 2007, nach sechs Jahren amerikanischer Besetzung und der Regierung Karzai, 200 000

Afghanisches Opiumfeld, sorgfältig bewacht

Hektar erreicht, auf denen geschätzte 95 Prozent des weltweit verkauften Opiums angebaut wurden. Die *New York Times* berichtete im Oktober 2008, Ahmed Wali Karzai, Chef der Provinz Kandahar, eines Zentrums des Opiumanbaus, habe jahrelang auf der Gehaltsliste der CIA gestanden, obwohl – oder vielmehr weil – er die Opium anbauenden Stämme in der Region unter seiner Kontrolle hatte.

Im April 2009 erklärte General David Petraeus, damals Chef des *US Central Command* – das nicht nur für Afghanistan und Pakistan, sondern auch für Kirgistan, Usbekistan, Tadschikistan und andere ehemalige Mitgliedsstaaten der Sowjetunion zuständig ist –, bei einer Anhörung im US-Senat: »Die USA haben großes Interesse an der Entwicklung langfristiger kooperativer Beziehungen zu den zentralasiatischen Ländern und anderen wichtigen regionalen Mächten, um auf diese Weise ein positives Sicherheitsumfeld zu schaffen. Zentralasien nimmt auf dem eurasischen Kontinent eine Schlüsselstellung zwischen Russland, China und Südasien ein; es dient als wichtige Transportroute für den regionalen und internationalen Handel und für den Nachschub des Koalitionseinsatzes in Afghanistan.« Natürlich sagte er nicht, dass es sich bei dem »Nachschub« um afghanisches Heroin handelte.

Im Januar 2014 erklärte der damalige afghanische Präsident Hamad Karzai, der von der CIA ins Amt gehoben worden war, nachdem die Invasion von 2001 das *Taliban*-Regime gestürzt hatte, er habe Beweise dafür, dass US-Soldaten in Afghanistan »Dutzende« von Terroranschlägen inszeniert hätten. Diese seien dann den *Taliban* in die Schuhe geschoben worden, um Karzai zu diskreditieren. Karzai war damals in Washington bereits in Ungnade gefallen, vielleicht, weil er sich zu stark China angenähert hatte und unabhängiger von Washington geworden war. Er verweigerte die Unterzeichnung eines amerikanisch-afghanischen Sicherheitsabkommens, wonach Tausende US-Soldaten dauerhaft im Land geblieben wären.[3] Washington stellte sicher, dass alle drei Präsidentschaftskandidaten bei der Wahl im Juni 2014 als Nachfolger Karzais das Abkommen unterzeichnen würden.

Syrien

Der Krieg wird von einer Politik von Staaten – die sich an bestimmte Prinzipien des Kriegsrechts und der UN-Charta halten – in ein privates, unkontrolliertes, einem Dschihad ähnelndes Geschäft verwandelt. Eine weitere Fallstudie für diese gefährliche Transformation der Kriegsführung ist Syrien. Nach der Verwüstung Libyens und der Vertreibung des Gaddafi-Regimes wandte sich Washington umgehend gen Syrien, wo man einen ähnlich schnellen Staatsstreich erwartete. Nur das Votum Russlands und Chinas – die beide von amerikanischen Versprechungen über Libyen getäuscht worden waren – im UN-Sicherheitsrat hinderte die Obama-Regierung daran, eine ähnliche Flugverbotszone wie in Libyen zu verhängen (de facto ein kriegerischer Akt) und Damaskus und andere Städte zu bombardieren. Stattdessen verließ sich Washington erneut auf die Strategie eines Stellvertreterkrieges.

Im März 2012 nahmen syrische Regierungstruppen in der Nähe der Stadt Homs über 700 ausländische Söldner fest. Ermittlungen ergaben, dass »die gefangenen Bewaffneten Bürger arabischer Staaten waren, darunter einige Golfstaaten, der Irak und der Libanon. Unter ihnen befanden sich auch katarische Geheimdienstagenten und nichtarabische Kämpfer aus Afghanistan, der Türkei und einigen europäischen Ländern, beispielsweise Frankreich«. Weiter hieß es: »Mit amerikanisch-katarischer Hilfe wurde in Katar ein Koordinationsbüro eingerichtet. Zu dem Büro gehören amerikanische, französische, katarische und saudi-arabische Geheimdienstagenten, Agenten von CIA, Mossad und *Blackwater* sowie Mitglieder des syrischen Übergangsrats.«[4]

Der von den USA initiierte Krieg in Syrien ist inzwischen zu einem Labyrinth verwirrender Gruppen geworden, da ein unerwartet starker Widerstand der Assad-Regierung, unterstützt von Russland und dem Iran, den türkischen Ministerpräsident Recep Erdoğan zwang, die 2012 von Hillary Clinton erhobene Forderung, die türkischen Truppen über die Grenze nach Syrien marschieren zu lassen und das Assad-Regime zu stürzen, abzulehnen. Diese Weigerung führte de facto zu einem Bruch zwischen Washington und Erdoğan. Und sie hatte zur Folge, dass die USA Stellvertreter einsetzten – Katar, das mit seinen Gasmilliarden die Moslembruderschaft unterstützt, und Saudi-Arabien, dessen Milliarden einen saudifreundlichen Widerstand unterstützen. Die USA und Saudi-Arabien werden mit der geheimen Förderung und Ausbildung Tausender vermeintlicher *al-Qaida*-Söldner in Verbindung gebracht, die seit März 2011 in Syrien kämpfen.

Im April dieses Jahres, 2014, erklärte Dschamal Maaruf, der Anführer der Front Syrischer Revolutionäre (SRF), im britischen *Independent*, der Kampf gegen *al-Qaida* sei »nicht unser Problem«[5]; er gab zu, dass seine Kämpfer gemeinsame Aktionen mit *Jabhat al-Nusra*, dem offiziellen Arm von *al-Qaida* in Syrien, durchführen.

Berichten zufolge gibt die CIA Millionen Dollar an die mit *al-Qaida* verbundene *Jabhat al-Nusra*, brutale Sadisten, die Unschuldige enthaupten, Kriegsgefangene hinrichten und christliche Kirchen entweihen. Die Gelder werden verdeckt über Saudi-Arabien geleitet. Bis vor wenigen Wochen stand diese Operation unter der Aufsicht des saudi-arabischen Geheimdienstchefs Prinz Bandar al Sultan, der wegen seiner engen Verbindungen zur Familie Bush den Spitznamen »Bandar Bush« trägt.[6] Bandar wird extreme Nähe zu Washington, wo er 23 Jahre lang Botschafter war, und zu Israels rechtsgerichteter Netanjahu-Regierung nachgesagt.

SRF-Anführer Dschamal Maaruf

Auch in Syrien übernehmen *al-Qaida*-Söldner und die CIA mit den »Huren des Krieges« von *Blackwater/Academi* einen Großteil der schmutzigen Arbeit zum Sturz des Assad-Regimes für nicht erklärte außenpolitische Ziele der USA.

Ukraine

Washingtons Modus Operandi zur Privatisierung oder zum »Outsourcing« seiner schmutzigen Kriege zeigte sich erst kürzlich in der Rolle von USA und NATO beim Sturz der zwar notorisch korrupten, aber demokratisch gewählten Regierung Janukowytsch, die durch ein notorisch korruptes und auf fragwürdige Weise gewähltes Oligarchen-Regime Poroschenko ersetzt wurde. Janukowytsch hatte angekündigt, die Ukraine werde sich für Russlands Eurasische Wirtschaftsunion statt für einen schlechten Vertrag mit der EU entscheiden.

Auch hier setzte Washington auf die bewährte Kombination aus CIA-Sondereinsatzkräften, *Blackwater/Akademi*-Söldnern und den psychopathischen heimischen Söldnern des Rechten Sektors. Der Begriff »psychopathisch« ist mit Bedacht gewählt, im Sinne von Menschen, die kaltblütig morden, ohne Gewissensbisse oder Reue.

Schon vor »Schokoladenkönig« Petro Poroschenkos Vereidigung zum Präsidenten der Ukraine am 8. Juni hat der Kiewer Innenminister Arseni Awakow Mitglieder des Rechten Sektors »deputiert«.

Die Mitglieder des *Prawyj Sektor* – mehrere Tausend an der Zahl – wurden während der Gewalt, die sie als »Sicherheitstruppe« auf dem Majdan-Platz initiierten, international berüchtigt. Sie sind nichts weiter als eine Mörderbande, die Nazi-Embleme und -Bilder verwendet, um Angst und Schrecken zu verbreiten, während sie ukrainische Landsleute nach Lust und Laune ausplündert. Vom Innenministerium der Ukraine erhalten sie jetzt den offiziellen Status als Bataillon der ukrainischen Nationalgarde. Aus den vormals Geächteten wurden somit »Staatsdiener«.

Awakow hat mehrere solcher Einheiten geschaffen, diese eine ist bekannt als das »Asow-Bataillon«. Ihm gehören 70 »Freiwillige« aus den Reihen des Rechten Sektors an, die im Mai an der Ermordung von mindestens 21 Menschen beteiligt waren. Ihre Aufgabe besteht in paramilitärischen Terrorattacken auf ethnische Russen oder auf ukrainische Putschgegner, die sich nicht von Schlägern und Mördern regieren lassen wollen. Das offizielle Logo dieses neuen von der Regierung bestätigten Asow-Bataillons spricht Bände (unten ein Vergleich mit entsprechenden Bildern von SS und Drittem Reich).

Das ukrainische Asow-Bataillon verwendet ein umgekehrtes Nazi-Symbol als offizielles Abzeichen

Das neue Asow-Bataillon ist wegen der schwarzen Gesichtsmasken und Uniformen (die an die berühmten Schwarzhemden der Faschisten erinnern) bekannt als die »Männer in Schwarz«. Das Kommando führt die Sozial-Nationale Versammlung, eine rassistische, nationalistische, gewaltbereite nationalsozialistische Gruppe innerhalb des Rechten Sektors. Sie spielt eine maßgebliche Rolle bei der Terrorkampagne in Donezk und anderen Landesteilen, die die Regierung entfacht hat, seit Poroschenko vor zwei Wochen ankündigte, die Rebellion im Osten des Landes mit Gewalt zu »beenden«.

Hinter dem Rechten Sektor stehen jedoch die professionellen Mörder von *Blackwater/Academi.* Diese Information wurde vom BND in einem Bericht an Bundeskanzlerin Angela Merkel bestätigt. Laut einem Bericht im Spiegel leitet *Academi* die Attacken der faschistischen Milizen des Rechten Sektors, der Nationalgarde der Regierung und der vielen Schläger, denen in der Ostukraine bisher Hunderte zum Opfer gefallen sind. All das passiert unter dem Namen »*Greystone Limited*«, einem Ableger der *Vehicle Services Company LLC,* die zu *Blackwater/*

Emblem des von der Kiew-Junta gebildeten Asow-Bataillons

Die Schwarze Sonne der Nazis

Truppenkennzeichen der SS-Division »Das Reich«

Academi gehört. Berichten zufolge beschäftigt die Firma in der Ukraine uniformierte Kämpfer aus Deutschland, Polen und der Türkei sowie englischsprachige Männer, möglicherweise aus den USA.[7]

Am 29. April 2014 erhielt Merkel diese vertrauliche Information vom Bundesnachrichtendienst (BND), der berichtete, 400 *Blackwater/Academi*-Söldner unterstützten die Regierungstruppen im Osten der Ukraine, wozu auch die Stadt Slowjansk gehört.[8]

Die Ukraine ist nicht Mitglied der NATO, dennoch spielt die NATO eine Schlüsselrolle in Washingtons Unterstützung gegen Moskau. Wie verlässliche Quellen in Polen berichten, hat der polnische Außenminister Radosław Sikorski 86 Mitglieder des Rechten Sektors eingeladen, angeblich im Rahmen eines universitären Austauschprogramms. Allerdings waren die Gäste keine Studenten, viele waren schon über 40 Jahre alt. Es war Teil eines geheimen NATO-Trainingsprogramms im NATO-Mitgliedsland Polen nahe der ukrainischen Grenze. Entgegen dem offiziellen Stundenplan besuchten sie nicht die Warschauer Technische Universität, sondern wurden zu einem Polizeitrainingszentrum in Legionowo geschickt, eine Stunde von Warschau entfernt. Dort erhielten sie ein vierwöchiges Intensivtraining in Massenmanagement, Personenerkennung, Kampftaktiken, Kommandofähigkeit, Verhalten in Krisensituationen, Schutz vor von der Polizei eingesetztem Tränengas, Barrikadenbau und insbesondere Schießen, einschließlich der Handhabung von Scharfschützengewehren.[9] Das war einige Monate vor den ersten Demonstrationen auf dem Majdan-Platz Ende vergangenen Jahres.

Blackwater/Academi-Söldner und ihre Psychopathen vom Rechten

Sektor standen aber nicht nur hinter gewaltsamen Übergriffen in der Ostukraine gegen Gegner der Terrortaktik des illegalen Putschregimes in Kiew, sondern sie waren Berichten zufolge an dem Massaker an Regierungsgegnern beteiligt, die am 2. Mai bei einer Demonstration im Gewerkschaftshaus von Odessa eingeschlossen waren.[10]

Nächster Schritt: eine Obama-Doktrin

In der gegenwärtigen Lage ist der Einsatz ausgelagerter Stellvertreter, die für die USA Krieg führen, aus vielen Gründen attraktiv. Washington kann sagen: »Wir machen uns die Hände nicht schmutzig, private Söldner stehen nicht unter unserer Kontrolle.« Sie können ungestraft skrupellose Terrorakte gegen unschuldige Zivilisten verüben. Anders als Angehörige der CIA oder der Sondereinsatzkommandos der USA sind die *Blackwater/Academi*-Söldner an keine Genfer Konvention gebunden.

Am 29. Mai verkündete Präsident Barack Obama bei einer Rede vor der Militärakademie *West Point* eine neue Militärdoktrin, in der diese Privatisierung des Krieges zur offiziellen US-Politik erklärt wird.[11] Vor den angehenden Militärkommandeuren erklärte er, es werde eine deutliche Veränderung in der US-Außenpolitik geben – eine, die »militärische Abenteuer« zurücknehme und Amerikas Macht auf andere Weise ins Spiel bringe. »Das militärische Vorgehen der USA kann nicht in allen Fällen die einzige – nicht einmal die vorrangige – Komponente unserer Führung sein.« Obama erklärte, die USA sollten Krisen auf der Welt mit anderen Methoden als mit einer direkten Militärintervention wie im Irak und in Afghanistan begegnen. Stattdessen setze er auf nichtmilitärische Optionen: Diplomatie, Sanktionen und »kollektives Handeln«.

Das »kollektive Handeln« bedeutet offenbar die Privatisierung des Krieges und den Einsatz anderer »Verbündeter« wie des Kiewer Putschregimes, die für Washington und die NATO die schmutzigen Kriege führen. Es verstößt gegen alle Versuche, die Brutalität von Kriegen zu beenden, die seit dem Ende des Dreißigjährigen Krieges durch den Westfälischen Frieden von Münster und Osnabrück im Jahr 1648 unternommen wurden.

– 12. Juni 2014

Endnoten:

1 Siehe *Wikipedia*-Artikel: *http://de.wikipedia.org/wiki/Söldner* (aufgerufen: September 2014).
2 Mona Mahmood, Maggie O'Kane, Chavala Madlena & Teresa Smith, »Revealed: Pentagon's link to Iraqi torture centres«, in: *The Guardian*, 6. März 2013, zu finden unter: *http://www.theguardian.com/world/2013/mar/06/pentagon-iraqi-torture-centres-link* (aufgerufen: September 2014).
3 Kevin Sieff, »Karzai suspects U.S. is behind insurgent-style attacks, Afghan officials say«, in: *The Washington Post*, 27. Januar 2014, zu finden unter: *http://www.washingtonpost.com/world/karzai-suspects-us-is-behind-insurgent-style-attacks-afghan-officials-say/2014/01/27/a70d7568-8779-11e3-a760-a86415d0944d_story.html* (aufgerufen: September 2014).
4 »Mossad, CIA and Blackwater operate in Syria«, in: *rt*, 7. März 2012, zu finden unter: *http://rt.com/news/cia-blackwater-mossad-syria-037/* (aufgerufen: September 2014).
5 »Vom Westen unterstützter syrischer Rebellenführer Dschamal Maaruf gibt zu, an der Seite al-Qaidas zu kämpfen«, in: *KOPP Online*, 4. April 2014, zu finden unter: *http://info.kopp-verlag.de/hintergruende/geostrategie/redaktion/vom-westen-unterstuetzter-syrischer-rebellenfuehrer-dschamal-maaruf-gibt-zu-an-der-seite-al-qaidas-.html* (aufgerufen: September 2014).
6 Kurt Nimmo, »Werden die Saudis amerikanische Panzerabwehrwaffen an salafistische Söldner in Syrien liefern?«, in: *KOPP Online*, 16. Dezember 2013, zu finden unter: *http://info.kopp-verlag.de/hintergruende/geostrategie/kurt-nimmo/werden-die-saudis-amerikanische-panzerabwehrwaffen-an-salafistische-soeldner-in-syrien-liefern-.html* (aufgerufen: September 2014).
7 Kurt Nimmo, »Nächste ›Verschwörungstheorie‹ wird Mainstream: CIA, FBI und nun auch Kriegsunternehmer Academi vor Ort in der Ukraine«, in: *KOPP Online*, 12. Mai 2014, zu finden unter: *http://info.kopp-verlag.de/hintergruende/enthuellungen/kurt-nimmo/cia-fbi-und-nun-auch-kriegsunternehmer-academi-vor-ort-in-der-ukraine.html* (aufgerufen: September 2014).
8 Alex Lantier, »Blackwater mercenaries direct Kiev regime's crackdown in Ukraine«, in: *World Socialist Web Site*, 13. Mai 2014, zu finden unter: *http://www.wsws.org/en/articles/2014/05/13/blac-m13.html* (aufgerufen: September 2014).
9 Siehe Kapitel 25 in diesem Buch: »Ukraine: Heckenschützen des *Prawyj Sektor* insgeheim von Polen ausgebildet«.

10 Siehe Kapitel 24 in diesem Buch: »Das Odessa-Massaker des *Prawyj Sektor*«.

11 Dr. Paul Craig Roberts, »Was Obama uns in West Point erzählt hat«, in: *KOPP Online*, 5. Juni 2014, zu finden unter: *http://info.kopp-verlag.de/hintergruende/geostrategie/dr-paul-craig-roberts/was-obama-uns-in-west-point-erzaehlt-hat.html* (aufgerufen: September 2014).

32

EU spielt ukrainisches Roulette mit russischem Erdgas

In der Frage der Sicherung eines neuen Vertrags über die Lieferung russischen Erdgases an die Ukraine spielt die EU ein gefährliches »ukrainisches Roulette«. Und die gegenwärtige Regierung in Kiew – mit einem Schokoladenkönig-Gangstermilliardär-Präsidenten, einem *Scientology*-Ministerpräsidenten und virulent antisemitischen Neonazis als Verteidigungs- und Innenminister – verfolgt eindeutig eine Strategie der Destabilisierung des russischen Nachbarn.

Amerikanische und andere westliche Mainstreammedien sollen Instruktionen ihrer Regierungen erhalten haben, den Begriff »Neonazi« zur Beschreibung der neonazistischen Mitglieder der ukrainischen Regierung nicht zu verwenden, damit die Öffentlichkeit nicht erfährt, wie verrückt die US-Politik in der Ukraine ist. Die wirkliche Gefahr liegt jedoch darin, dass bestimmte Kriegsfalken in Washington die ukrainisch-russischen Erdgasverhandlungen als Keil verwenden, um die EU und Russland auseinanderzutreiben und Russland dadurch weiter zu isolieren.

Die EU ihrerseits ist gespalten. Der britischen Regierung Cameron käme ein Krach in Europa, insbesondere zwischen Deutschland und Russland, gut zupass. Denn der würde dem britischen Einfluss auf das Weltgeschehen den nötigen Adrenalinstoß verschaffen. Andererseits ist die Wirtschaft Deutschlands und Frankreichs auf Erdgasimporte aus

Russland angewiesen. Und der größte Teil dieses russischen Erdgases erreicht Europa über ein Netz von Pipelines, die über die Ukraine verlaufen.

Am 16. Juni um 10.00 Uhr Moskauer Zeit versäumte Kiew die von Russland gesetzte Frist für einen Kompromiss, wonach die Ukraine 1,95 Milliarden von rund 4,5 Milliarden Dollar ausstehender Schulden an den russischen Staatskonzern *Gazprom,* den größten Erdgas-Giganten der Welt, hätte zahlen sollen. Moskaus Angebot für die Zahlung eines Teilbetrags erfolgte als Geste guten Willens in dem Versuch, den seit Langem bestehenden Streit beizulegen, der sich andernfalls im Winter zu einer großen europäischen Energiekrise entwickeln könnte.

Mittlerweile ist klar, dass Kiew auf Geheiß der Strippenzieher im US-Außenministerium wie Victoria »Fuck the EU« Nuland und anderer im Umfeld von Präsident Obama handelt, um in Moskau, aber auch in der EU, für maximale Verwirrung und Unsicherheit zu sorgen. Ziel ist es, Russland zu isolieren und zu verteufeln, nicht mehr und nicht weniger. Es ist das Vorspiel einiger sehr reicher und sehr mächtiger Leute in den USA für einen von ihnen erhofften neuen Weltkrieg. Anders lässt sich Washingtons dümmliches Verhalten in der Ukraine seit November des vergangenen Jahres nicht plausibel erklären.

Die Details

Im April erhöhte Moskau als Reaktion auf den illegalen Sturz des früheren ukrainischen Präsidenten Wiktor Janukowytsch den Erdgaspreis für Kiew auf 485 Dollar für 1000 Kubikmeter – deutlich über dem letztjährigen Durchschnittspreis von 370 Dollar für europäische Kunden. Ein Sonderpreis, der mit Janukowytsch ausgehandelt worden war, nachdem dieser zugestimmt hatte, die Ukraine in die russisch-eurasische Wirtschaftsgemeinschaft zu bringen, wurde zurückgenommen. Zur Eurasischen Wirtschaftsgemeinschaft gehören neben Russland Kasachstan, Weißrussland und Armenien; Washington war entschlossen, die ukrainisch-russischen Pläne zu sabotieren.

Bei Verhandlungen forderte Kiew einen Preis von lediglich 268 Dollar pro 1000 Kubikmeter und die Aufhebung der Vereinbarung, dass für das Erdgas bezahlt werden müsse, ob es nun verbraucht worden war oder nicht.

In der letzten Verhandlungsrunde zwischen dem ukrainischen staatlichen Erdgaskonzern *Naftogaz* und der *Gazprom* bot Russland an, die Exportsteuern aufzuheben, sodass der Preis für die Ukraine auf 385 Dollar, den durchschnittlichen Preis, den auch andere europäische Kunden zahlen, sinken würde. Das bestätigte EU-Kommissar Günther Oettinger.[1]

Am Mittag des 16. Juni kündigte die *Gazprom* an, die Lieferungen für den ukrainischen Markt, aber vermutlich nicht für die EU, zu kürzen. Die Uhr tickt. Die Ukraine hat zwar noch Gas auf Lager, aber nicht genug, um über den Winter zu kommen. Auch die Lagerbestände der EU reichen für einige Monate, die deutschen Lagertanks sind zu 75 Prozent gefüllt.

Die EU spielt bei den Verhandlungen nicht mit offenen Karten, trotz der Vermittlungsversuche Oettingers und anderer. Nachdem die EU am 21. Februar versucht hatte, in letzter Minute einen Kompromiss zu erzielen, der den heutigen Bürgerkrieg und die gefährliche Lage verhindert hätte, befahl die CIA – offenkundig in Absprache mit Victoria Nulands Spießgesellen wie der Nationalen Sicherheitsberaterin Susan Rice – den in den Rechten Sektor »eingebetteten« Scharfschützen, auf dem Majdan-Platz in Kiew sowohl auf Demonstranten als auch auf Polizisten zu schießen und auf diese Weise eine Panik zu erzeugen, die dann fälschlich der Janukowytsch-Regierung zur Last gelegt wurde. Am nächsten Tag wurde die Ukraine von einer zusammengewürfelten Truppe von Psychopathen und Gangstern regiert, handverlesen von Leuten wie Nuland und John McCain, dem Vorsitzenden des *National Republican Institute* aus Washington, der anscheinend einfach nicht anders kann, als Kriege loszutreten, wo immer sich eine Gelegenheit ergibt.

Damals, angesichts eines buchstäblich US-gestützten Staatsstreichs in Kiew, erhob Brüssel keine Einwände, sondern tat, als wäre alles in Ordnung, als geschehe nichts Ungewöhnliches. Brüssel und ganz besonders Berlin standen zweifellos unter starkem Druck aus Washington und wurden erpresst. Es war dumm, einer solchen Erpressung nachzugeben, denn die Konsequenzen sind weitaus schlimmer, als wenn ein klarer und fester moralischer Standpunkt bezogen worden wäre. Heute, rund vier Monate später, werden die Konsequenzen der moralischen Feigheit der EU allmählich sichtbar, denn zum ersten Mal seit 1945 zeichnet sich ein neuer Weltkrieg in Europa als eine klare Möglichkeit ab.

Wäre Brüssel wirklich entschlossen, eine Lösung zu finden, bis Kiew zu einer vernünftigeren Haltung gezwungen werden könnte, hätte

Brüssel anbieten können, die 1,95 Milliarden aus den 4,5 Milliarden Dollar sofort zu bezahlen und weiter zu verhandeln. Doch das ist nicht geschehen. Offenbar zieht man es vor, ukrainisches Roulette mit russischem Gas zu spielen, ein törichtes Spiel, fürwahr.

– 17. Juni 2014

Endnoten:

1 Alexander Panin, »Ukraine Getting Upper Hand Over Russia in Gas Diplomacy«, in: The Moscow Times, 15. Juni 2014, zu finden unter: *http://www.themoscowtimes.com/business/article/ukraine-getting-upper-hand-over-russia-in-gas-diplomacy/501921.html* (aufgerufen: September 2014).

33

Die Anti-Putin-Front in der EU bröckelt

Die »Anti-Putin«-Front in der EU bekommt tiefe Risse. Während sich die Berliner Merkel-Regierung etwas vorsichtiger in ihrer Opposition gegen Washingtons Drängen auf schärfere Sanktionen gegen Russland verhält (warum genau, ist nicht mehr so ganz klar), bröckelt die scheinbar einmütige Unterstützung der EU-Regierungen für weitere Sanktionen gegen Russland. Neuestes Beispiel ist die öffentliche Ankündigung der österreichischen Regierung, sich an dem Pipeline-Projekt *South Stream* der russischen *Gazprom* zu beteiligen – ein Schlag ins Gesicht für Washington, das seit Jahren Lobbyarbeit für die Sabotage von *South Stream* betreibt. Washington bevorzugt die *Nabucco*-Pipeline, die russisches Gebiet umginge.

Während eines Wienbesuchs des russischen Präsidenten Putin unterzeichneten die Chefs der russischen *Gazprom* und des großen österreichischen Energiekonglomerats OMV eine Vereinbarung, die *South-Stream*-Pipeline bis Baumgarten in Österreich zu bauen.

Das erste russische Gas soll 2017 geliefert werden. Washington widersetzt sich seit Jahren der *South Stream,* weil die EU-Länder darüber unabhängig von den Pipeline-Transitrouten über die Ukraine mit russischem Gas beliefert werden könnten.[1] Die Obama-Regierung hatte unter anderem beschlossen, den illegalen Putsch in der Ukraine zu unterstützen, um durch die Unterbrechung der Lieferung von russischem Gas über die Ukraine einen Keil zwischen die EU, insbesondere Deutschland, und Russland zu treiben.

Die geplante *South-Stream*-Pipeline verlässt die russische Schwarzmeerküste südlich der Krim, verläuft durch das Schwarze Meer und weiter durch Bulgarien, Serbien und Ungarn bis zur Erdgas-Drehscheibe Baumgarten in Österreich. Von dort geht es weiter an verschiedene Zielorte in Mitteleuropa, hauptsächlich in Deutschland.

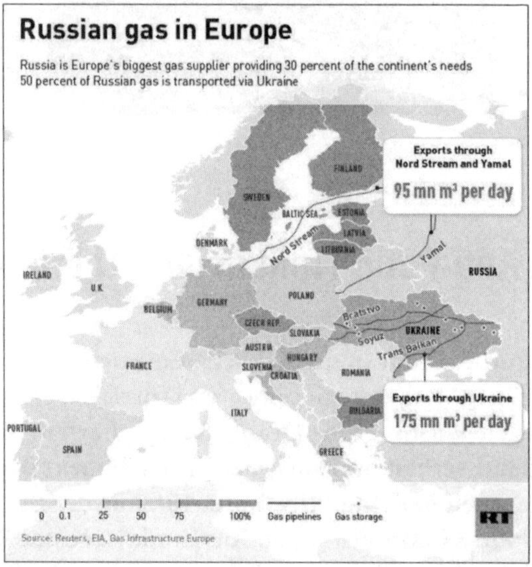

In Verbindung mit der russischen Pipeline *Nord Stream,* die von Wyborg nahe St. Petersburg unter der Ostsee hindurch nach Lubmin nahe der Stadt Greifswald verläuft und über die bereits seit zwei Jahren problemlos Erdgas geliefert wird, wird die *South Stream* gewährleisten, dass russisches Gas die EU erreicht, ohne Gefahr zu laufen, von einem unberechenbaren Regime in Kiew gekappt zu werden. Weiterhin erklärt die *Gazprom,* im Falle einer erneuten Unterbrechung des Gastransits in der Ukraine werde die Kapazität der *Nord Stream* und der Jamal-Europa-Pipeline, die über Weißrussland und Polen nach Deutschland verläuft, erhöht.

Barrosos EU-Kommission in Brüssel hat – zweifellos unter enormem Druck des *US State Department* – versucht, das *South-Stream*-Projekt zu blockieren, weil es angeblich das Dritte Energiepaket der EU verletzt, wonach Förderung, Transport und Verteilung nicht durch ein einziges Unternehmen erfolgen dürfen, obwohl es unter Umständen viel wirtschaftlicher ist.

Die Direktive orientiert sich an verschiedenen amerikanischen

Gesetzen zur Energie-Deregulierung der letzten zehn Jahre, die den Gaspreis in den USA in die Höhe getrieben haben. Brüssel hat kürzlich Druck auf Serbien und Bulgarien ausgeübt, bestehende Verträge mit der *Gazprom* aufzukündigen. OMV-Chef Gerhard Roiss schien nicht so besorgt über die Forderungen aus Brüssel, als er sagte: »*South Stream* wird dem Europäischen Rat voll entsprechen.«[2]

Die US-EU-Front bröckelt

Die scheinbare Einigkeit gegenüber Putins Russland, nach dem März-Referendum auf der Krim für einen Beitritt zur Russischen Föderation, in der Verhängung von Sanktionen und der Verteufelung Russlands als alleinigem Urheber der Proteste in der Ostukraine beginnt allmählich, sich gegen Washington und dessen »Freunde« in der Brüsseler EU-Kommission zu wenden.

Die österreichische Regierung ist eindeutig durch den Druck aus Washington oder Brüssel nicht eingeschüchtert. Und die deutsche Großindustrie, angeführt von Siemens, E.on und Wintershall/BASF, hat gegenüber der Merkel-Regierung klargestellt, dass sie keinen Konflikt mit Russland über die Ukraine will, sondern friedliche Wirtschaftsbeziehungen bevorzugt.

Dann wird auch noch der Mann, der einst als der standhafteste US-Verbündete in Europa galt, Polens Außenminister Radek Sikorski, in polnischen Medien mit Worten zitiert, die ihm bei einem Gespräch in einem Warschauer Restaurant abgelauscht wurden. Seinem damaligen Regierungskollegen Jacek Rostowski sagte er: »Du weißt, dass die polnisch-amerikanische Allianz nichts wert ist. Sie ist sogar schädlich, weil sie ein falsches Gefühl von Sicherheit vermittelt. [...] Völliger Unsinn. Wir werden in Konflikt mit den Deutschen und Russen geraten und denken, alles wäre super, weil wir den Amerikanern einen Gefallen tun. Verlierer. Komplette Verlierer.«[3]

Sikorski, der noch vor einigen Jahren für eine neokonservative Denkfabrik in Washington arbeitete und mit der neokonservativen amerikanischen Journalistin Anne Applebaum verheiratet ist, galt in der Zeit der Bush-Regierung als Washingtons Mann in Warschau, wo er Verteidigungsminister war. Das ist eindeutig anders geworden.

Die Ironie liegt darin, dass viele EU-Politiker hinter der geheuchelten Empörung in der EU über Sikorskis antiamerikanische Äußerungen dem polnischen Außenminister zustimmen, der de facto, wenn auch im privaten Gespräch, gesagt hat: »Der Kaiser (Washington) hat gar nichts an.«

Der jüngste Vorstoß amerikanischer Neokonservativer für einen Krieg gegen Russland und China in der Ukraine, in Syrien und im Irak könnte sich für die langfristigen militärischen Interessen als kolossaler Fehlschlag erweisen, genauso wie ihr Einsatz für den Krieg von 2003 im Irak und 2001 in Afghanistan.

– 27. Juni 2014

Endnoten:

1 »South Stream to be built in Austria in late 2016«, 25. Juni 2014, in: *Your Oil and Gas News,* zu finden unter: *http://www.youroilandgasnews.com/south+stream+to+be+built+in+austria+in+late+2016_102565.html* (aufgerufen: September 2014).
2 »›Wir brauchen dieses Gas‹: OMV fixiert South-Stream-Bau«, in: *Die Presse.com,* zu finden unter: *http://diepresse.com/home/wirtschaft/energie/3826393/Wir-brauchen-dieses-Gas_OMV-fixiert-SouthStreamBau* (aufgerufen: September 2014).
3 Adrian Krajewski, Marcin Goettig, Marcin Goclowski & Pawel Sobczak, »Polish foreign minister called ties to USA ‘worthless’«, in: *Reuters,* 22. Juni 2014, zu finden unter: *http://uk.reuters.com/article/2014/06/22/uk-poland-tapes-sikorski-idUKKBN0EX0O920140622,* (aufgerufen: September 2014).

34
Die Ukraine und der Krieg gegen die menschliche Intelligenz

Bei meinen Reisen als Außenminister habe ich das Verlangen nach amerikanischer Führung in der Welt erlebt wie nie zuvor.
– US-Außenminister John Kerry, 8. Juli 2014

Amerika muss auf der Weltbühne immer führen. Wenn wir es nicht tun, tut es kein anderer.
– Präsident Barack Obama, 28. Mai 2014

Was in der Ukraine geschieht, seit Washington entschieden hat, am 22. Februar auch den letzten Anschein von Ordnung fahren zu lassen und ein Regime psychopathischer Krimineller ans Ruder zu bringen, ist nichts Geringeres als ein Krieg gegen die menschliche Intelligenz. Er tobt auf verschiedenen Ebenen, das macht ihn für viele verwirrend. Im Kern ist es ein Krieg bestimmter sehr reicher und sehr mächtiger alter Familien in der westlichen Welt, insbesondere in den USA und Großbritannien.

Diese angloamerikanische Oligarchie – denn genau das ist sie – sieht ihre Kontrolle über die globale Macht allerorten schwinden. Die wirtschaftliche und finanzielle Grundlage ihrer militärischen Macht bricht ein. Großbritannien und die USA stecken in einem katastrophalen finanziellen Sumpf.

Da können auch noch so großzügige Hilfen der Zentralbank nicht helfen, obwohl dies seit sieben Jahren versucht wird. Im Gegenteil: Dass Billionen Dollar in das System gepumpt werden, hat die Finanzblase nur noch mehr aufgebläht, während man sich weigert, ein außer Kontrolle geratenes Bankensystem grundsätzlich zu verändern.

Ihr Feind ist nicht ein einzelnes Land oder eine Gruppe von Ländern. Die größte Bedrohung für diese superreiche angloamerikanische Oligarchie ist in sehr realem Sinne eine Menschheit, die intelligenter und sich ihrer Stellung in der Welt bewusster wird und weniger abergläubisch ist als ihre Vorfahren im Mittelalter. Da in den letzten Jahrzehnten mehr Menschen intelligenter geworden sind, wird es schwerer, die Menschheit wie eine Schafherde unter Kontrolle zu halten, was stets das Ziel von Oligarchien war.

Wenn wir diesen Hintergrund verstehen, werden die jüngsten Entwicklungen in der Ukraine, so grausig sie das Regime in Kiew auch gemacht hat, zumindest besser verständlich.

Der blutige Keil

Am besten lässt sich Washingtons Ukraine-Politik verstehen als ein blutiger Keil, der mit brutaler Gewalt zwischen Russland und die Mitgliedsstaaten der Europäischen Union, insbesondere Deutschland und Frankreich, getrieben wird.

In seinem Buch *Die einzige Weltmacht: Amerikas Strategie der Vorherrschaft* (englischer Originaltitel: *The Grand Chessboard*) enthüllt der amerikanische Stratege, Geopolitiker und Establishment-Insider Zbigniew Brzeziński die strategische Bedeutung der Ukraine auf dem großen Schachbrett der Macht, wie sie seine einflussreichen Freunde sehen:

> *Die Ukraine, ein neuer und wichtiger Raum auf dem eurasischen Schachbrett, ist ein geopolitischer Dreh- und Angelpunkt, weil ihre bloße Existenz als unabhängiger Staat zur Umwandlung Russlands beiträgt. Ohne die Ukraine ist Russland kein eurasisches Reich mehr. […] Sollte Moskau allerdings die Herrschaft über die Ukraine mit ihren 52 Millionen Menschen, bedeutenden Bodenschätzen und dem Zugang zum Schwarzen Meer wiedergewinnen, so würde Russland automatisch die Mittel erlangen, ein mächtiges, Europa und Asien umspannendes Reich zu werden.*

Weiter schreibt Brzeziński: »Von nun an steht Amerika vor der Frage, wie es mit regionalen Koalitionen fertig wird, die es aus Eurasien hinauswerfen wollen und damit seinen Status als Weltmacht bedrohen.«

Seit Beginn des von den USA in die Wege geleiteten Zusammenbruchs der Sowjetunion Anfang der 1990er-Jahre arbeiten die militärischen Planer Washingtons unter Führung der neokonservativen Kriegsfalken deshalb daran, einen Keil zwischen Russland und die Ukraine zu treiben.

Allerdings hat sich der geopolitische Hintergrund in den 17 Jahren, seit Brzeziński sein Buch schrieb, dramatisch verändert, und zwar zuungunsten des »Primats Amerikas«, von dem Brzeziński spricht. Nach der verheerenden Jelzin-Ära, als ein russischer Präsident willentlich die Kronjuwelen seines Landes an westliche Spekulanten und Konzerninteressen abgab und als Gegenleistung mit ein paar lumpigen Milliarden Dollar abgespeist wurde, versuchte eine nationalistische Gegenströmung unter Wladimir Putin, den Kollaps anzuhalten und wieder einen funktionierenden Nationalstaat aufzubauen.

Zur gleichen Zeit sahen sich der Westen und besonders die Banken-Oligarchie der Wall Street und der City of London nach dem Beginn der US-Finanzkrise von 2007 mit der schlimmsten Krise seit den 1930er-Jahren konfrontiert. Während sich in den USA und in der EU die Krise verschlimmerte, definierte die Gruppe der BRICS-Staaten – Brasilien, Russland, Indien, China und Südafrika – eine neue Richtung für die Wirtschaftspolitik. Diese intensivierte eurasische Kooperation bedeutete ein Todesurteil für die weltweite englischsprachige Macht, die die Weltpolitik seit den Anfangstagen des britischen Weltreichs nach den napoleonischen Kriegen dominiert hatte.

Im November 2013, als die korrupte, aber pragmatische Regierung von Wiktor Janukowytsch in Kiew die Europäische Union mit der Ankündigung schockierte, sich mit Russland, Weißrussland und Kasachstan zu einer Eurasischen Wirtschaftsunion zusammenzuschließen, lancierte Washington eine breit angelegte Destabilisierung der Regierung. Sie setzte viele geschulte Demonstranten ein, um den Eindruck einer Ukraine zu erwecken, die nach Demokratie strebte und ein Ende der korrupten Vetternwirtschaft um Janukowytsch forderte. Ehrliche Bürger wurden als Schaufensterdekoration für ein zynisches Spiel Washingtons benutzt.

In Wirklichkeit war die »Revolution« auf dem Majdan-Platz nichts weiter als ein zweiter Versuch der Farbenrevolution von 2003. Victoria

Nuland, die Europabeauftragte des US-Außenministeriums – berüchtigt wegen ihres »Fuck the EU« gegenüber US-Botschafter Pyatt, dem sie mitteilte, wen sie sich als Ministerpräsidenten in Kiew wünschte –, gab später zu, dass die Regierung »fünf Milliarden Dollar zur Förderung der Demokratie in der Ukraine« aufgewendet hatte.

Was wirklich am 22. Februar 2014 vor sich ging, wenige Stunden nachdem eine zwischen der EU und der Ukraine ausgehandelte Einigung zur Beendigung der Proteste von NATO-geschulten Scharfschützen auf dem Majdan-Platz zerschlagen worden war, war eine Operation unter Führung des US-Außenministeriums, der CIA und des Pentagon, die Ukraine in einen blutigen Keil zwischen Russland und der EU zu verwandeln. Bis heute, rund fünf Monate später, war ihr nur begrenzter Erfolg beschieden. Doch der Versuch ist erst der Anfang. So viel sollte für denkende Menschen mittlerweile klar sein: Das Ziel besteht darin, derartig unmenschliche Grausamkeiten gegen unschuldige Zivilisten – Frauen, Kinder, Alte – zu begehen, dass Putins Russland gezwungen ist, militärisch einzugreifen.

Erst der Anfang

Die gewaltsamen Proteste auf dem Majdan-Platz, die vom US-Außenministerium Ende 2013 inszeniert wurden, wurden bis ins kleinste Detail durch die CIA vorbereitet und durchgeführt, um einen Bürgerkrieg loszubrechen und die Ukraine dauerhaft von Russland abzutrennen.

Seither sind in Polen und anderswo Beweise aufgetaucht, die die verdeckte Rolle der US-Geheimdienste bei der Ausbildung der Neonazi-Terroristen des Rechten Sektors, der angeblichen »Sicherheits«-Kräfte für die Demonstranten auf dem Majdan-Platz, belegen. Im September 2013, zwei Monate vor Beginn der Demonstrationen, brachten NATO und/oder CIA insgeheim 86 altgediente Mitglieder des Rechten Sektors nach Polen, wo sie in einem Polizei-Trainingslager in Legionowo eine spezielle Ausbildung erhielten.[1] Vier Wochen lang übten sie den »Umgang mit Menschenmengen, Personenerkennung, Kampftaktiken, Kommandofähigkeiten, Verhalten in Krisensituationen, Schutz gegen von der Polizei eingesetztes Tränengas, Barrikadenbau und besonders Schießen, einschließlich der Handhabung von Scharfschützengewehren«. Diese von Kiew unterstützten »Terroristen« verüben Gräueltaten, die Heinrich Himmler von der Nazi-SS ein sadistisches Grinsen entlockt hätten.

Inzwischen gibt es Berichte, wonach die Kommandos des Kiewer Rechten Sektors in der Ukraine sogar begonnen haben, ihren Opfern Organe zu entnehmen, um sie auf dem Schwarzmarkt zu verkaufen. In Mariupol sei ein Massengrab mit Dutzenden Leichnamen entdeckt worden, deren Bauch und Brust geöffnet und deren Organe entnommen waren, heißt es in einem Medienbericht.[2]

Seit der Amtseinführung des US-nahen »Schokoladenkönigs« Petro Poroschenko als ukrainischer Präsident am 7. Juni ist die Rolle des Rechten Sektors offiziell. Er wurde nicht, wie in einem Votum des Parlaments in Kiew gefordert, aufgelöst.

Der Rechte Sektor hat sein Hauptquartier nach Dnipropetrowsk verlegt, um die Entwicklungen im Osten des Landes »genau zu beobachten«, wie aus einer Erklärung des Vorsitzenden Dmytro Jarosch verlautet: »Ich habe mein Hauptquartier nach Dnipropetrowsk verlegt, um die Ausbreitung der Kreml-Infektion zu verhindern.«[3] Jarosch gibt offen zu, als Teil der neuen Regierung in Kiew zu agieren: »Wir koordinieren alle unsere Aktionen mit der Führung des Nationalen Sicherheits- und Verteidigungsrats der Ukraine, dem Innenministerium und dem Sicherheitsdienst der Ukraine«, betonte Jarosch.

Darüber hinaus gab es nach dem geheimen Kiew-Besuch von CIA-Direktor John Brennan im April Berichte, dass es in der Ostukraine von CIA, FBI und privaten Söldnern des berüchtigten Unternehmens *US Blackwater Security* und seiner Ableger *Academi* und *Greystone* nur so wimmelt.[4] Laut bestätigten Berichten aus der Ukraine wurden am 18. Mai bei Angriffen von Kiewer Truppen in der Region Slowjansk »70 Ausländer, darunter 13 Agenten des *Federal Bureau of Investigation* (FBI) und der *Central Intelligence Agency* (CIA) getötet und zwölf weitere verletzt«, erklärte der Volksbürgermeister von Slowjansk, Wjatscheslaw Ponomarjow, gegenüber Reportern.[5]

Ponomarjow beschrieb »ausländische Söldner in den Reihen ukrainischer Henker … eine private Militärfirma, *Analizy Systemowe Bartłomiej*, verlor sechs Leute, *Greystone* (*US Blackwater* – W. E.) 14 und *Academi* (*US Blackwater* – W. E.) 50 Leute. CIA und FBI haben 25 Mitarbeiter verloren, von denen 13 getötet wurden«.[6] Wenig überraschend hat die Regierung Obama dementiert, dass Angehörige von CIA oder FBI in der Ukraine kämpfen. Berichten zufolge sind mindestens 400 Killersöldner als Sondereinsatzkräfte unter dem Kommando von *Greystone/Blackwater* an den Angriffen auf die Bevölkerung in der Ostukraine beteiligt.[7]

Düstere Aussichten

Zur Zeit, wo dieser Artikel geschrieben wird, erörtern russische Vertreter nach israelischem Muster »chirurgische« Vergeltungsluftschläge gegen ukrainische Militärs, die Bomben auf russisches Gebiet abgeworfen und dabei Zivilisten getötet haben. Genau auf eine solche Eskalation hoffen die CIA und Washingtoner Neokonservative um Victoria Nuland. Dann würde sich die Welt Schritt für Schritt auf einen neuen Weltkrieg hinbewegen.

Das Ziel solch eines neuen Krieges – unter welchem Namen er auch immer geführt wird – besteht darin, jeden Widerstand gegen David Rockefellers sogenannte Neue Weltordnung oder Brzezińskis »Primat Amerikas« auszuschalten, die menschliche Intelligenz und intelligente moralische Menschen zu vernichten, wie es der Zweite Weltkrieg versuchte. Er zielt darauf ab, die Verbindungen zwischen Russland und China zu kappen, den Iran zu isolieren, ein Kalifat der Moslembruderschaft über den gesamten arabischen Nahen und Mittleren Osten zu verbreiten, dessen Überleben von der CIA und dem Pentagon abhängig ist. Das einzige Gegenmittel gegen ein solches Szenario besteht darin, diese Pläne zu erkennen und Gegenmaßnahmen zu planen, um den kommenden Wahnsinn zu überleben. Das wird in weiteren Artikeln ausführlicher zur Sprache kommen.

– 18. Juli 2014

Endnoten:

1 Siehe Kapitel 25 in diesem Buch: »Ukraine: Heckenschützen des *Prawyj Sektor* insgeheim von Polen ausgebildet«.

2 Tony Cartalucci: «Westliche Medien schweigen systematische erzwungene Organentnahme in der Ukraine tot«, in: KOPP Online, 11. Juli 2014, zu finden unter: *http://info.kopp-verlag.de/hintergruende/europa/tony-cartalucci/westliche-medien-schweigen-systematische-erzwungene-organentnahme-in-der-ukraine-tot.html* (aufgerufen: September 2014).

3 »Ukraine's far-right leader moves HQ to the east, forms new squadron«, in: rt, 24. April 2014, zu finden unter: *http://rt.com/news/154452-right-sector-yarosh-unit/* (aufgerufen: September 2014).

4 Kurt Nimmo, »Nächste ›Verschwörungstheorie‹ wird Mainstream: CIA, FBI und nun auch Kriegsunternehmer Academi vor Ort in der Ukraine«, in: *KOPP Online*, 12. Mai 2014, zu finden unter: *http://info.*

kopp-verlag.de/hintergruende/enthuellungen/kurt-nimmo/cia-fbi-und-nun-auch-kriegsunternehmer-academi-vor-ort-in-der-ukraine.html (aufgerufen: September 2014).

5 John Robles, »CIA, FBI agents dying for illegal junta in Ukraine«, in: The Voice of Russia, 19. Mai 2014, zu finden unter: *http://voiceofrussia.com/2014_05_19/CIA-FBI-agents-dying-for-illegal-junta-in-Ukraine-8655/* (aufgerufen: September 2014).

6 Ebd.

7 »Ukraine swamped by US military, intelligence advisers – Russian official«, in: The Voice of Russia, 2. Juli 2014, zu finden unter: *http://voiceofrussia.com/news/2014_07_02/Ukraine-swamped-by-US-military-intelligence-advisers-Russian-official-8126/* (aufgerufen: September 2014).

35

Ukraine-MH17 ist eine »falsche Flagge« der CIA, und sie wird nicht funktionieren

Die Welt hat dieses ganze Theater schon öfters gesehen. Wir sahen es mit der falschen Flagge des Golf-von-Tonkin-Zwischenfalls während des Vietnamkriegs. Wir sahen es mit dem von CIA und Saudis getürkten Saringas-Zwischenfall von 2013, der die Welt an den Rand eines Weltkriegs brachte. Wir sahen es im Fall des angeblichen Yellowcake-Urans aus Niger, das benutzt wurde, um 2003 den US-Kongress zur Zustimmung zum Krieg gegen Saddam Hussein zu bewegen – die sogenannten Massenvernichtungswaffen, die nie gefunden wurden. Jetzt sieht es die Welt erneut in dem krampfhaften Versuch von *US State Department* und Elementen der CIA, Putins Russland dafür verantwortlich zu machen, den Separatisten in der Ostukraine moderne russische Flugabwehrraketen in die Hand gegeben zu haben, mit denen angeblich das malaysische Flugzeug abgeschossen wurde.

US-Außenminister John Kerry erklärte am 20. Juli in nicht weniger als fünf amerikanischen Talkshows, Putin sei de facto schuldig, die Rebellen in der Ostukraine nicht unter Kontrolle zu haben. Der Beweis dafür? »Soziale Medien«, so eine offizielle Sprecherin des *State Department*.[1]

Die gute Nachricht für alle nüchternen Seelen, die nicht unbedingt einen Dritten Weltkrieg erleben wollen, bei dem China, Russland und die BRICS-Staaten gegen eine US-geführte NATO stünden, und durch den Europa zum dritten Mal in einem Jahrhundert in ein Trümmerfeld verwandelt würde, ist: Dieser Versuch, Putins Russland zu beschuldigen, geht nach hinten los, und zwar schon in dem Moment, wo dies geschrieben wird.

Unbeantwortete Fragen

Ein schockierender Aspekt der Darstellung in den westlichen Mainstreammedien vom Absturz von MH17 ist das völlige Fehlen eines seriösen, umsichtigen investigativen Journalismus, wie es ihn noch vor wenigen Jahren gab. Anstatt Vorsicht walten zu lassen, bevor man zu einem vorschnellen Urteil in einer Situation gelangt, die leicht einen neuen Kalten Krieg oder Schlimmeres auslösen könnte, zitieren CNN, *New York Times, Washington Post* und die meisten Medien der EU, einschließlich der deutschen, einfach Regierungsvertreter aus Kiew, darunter sogar neofaschistische, als wären sie glaubwürdig. Eine echte Untersuchung muss sich die unbeantworteten Fragen vornehmen.

Beginnen sollten wir mit einigen sehr wichtigen unbeantworteten Fragen, bevor wir ein Urteil darüber abgeben, was am 17. Juli mit der Boeing 777 MH17 passiert ist.

Die erste ist: Warum wies die Kiewer Flugsicherung, eine Abteilung des ukrainischen Luftfahrtministeriums, MH17 an, von der vorgesehenen Route, die die Kriegszone in der Ostukraine umging, abzuweichen? Laut den ersten Berichten der Website *FlightAware.com,* die alle Zivilflugzeuge online verfolgt, wich die *Malaysian Airways* Boeing 777 auf dem Flug MH17 von Amsterdam Schiphol nach Kuala Lumpur am 17. Juli in Höhe und Flugrichtung erheblich von allen anderen kommerziellen Flügen ab, die seit dem Ausbruch des Bürgerkriegs in der Ostukraine im April die Konfliktregion südlich umfliegen. Bevor irgendjemand beschuldigt wird, sollte man sich die Fragen stellen, die von der ukrainischen Regierung in Kiew, von der Obama-Regierung in Washington, von den meisten westlichen Medien vollständig ignoriert werden: Warum wich der Pilot von seiner ursprünglichen Flugroute ab? Warum flog er über den eingeschränkten Luftraum? Und welche – sofern überhaupt – Instruktionen gab die Kiewer Flugsicherung dem Piloten in den Minuten vor der tragischen Explosion?[2]

Nachdem die *FlightAware.com*-Daten veröffentlicht worden waren, änderte die Website merkwürdigerweise ihre Version über die Flug-

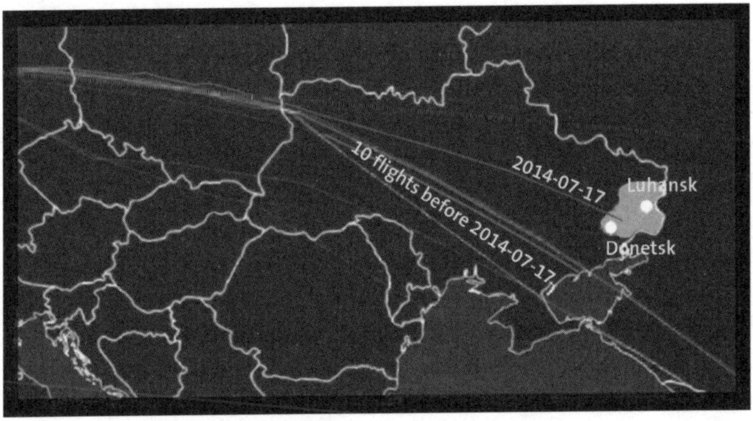

Quelle: Screenshot-Bilder von FlightAware.com, *erstellt von Vagelis Karmiros, der alle MH17-Flugrouten der letzten Zeit, wie sie* FlightAware.com *nachverfolgt, zusammengetragen hat. Sie zeigen, dass alle zehn zuletzt geflogenen Routen die Donezk-Region sicher südlich umflogen und die Zone über dem Asowschen Meer kreuzten. Nur der tragisch endende Flug MH17 vom 17. Juli führte direkt über Donezk.*

bahn von MH17. Wurden sie unter Druck gesetzt, das zu tun? Von der NATO? Von Washington? Die Vorstellung, sie wären von einem isolierten Russland unter Druck gesetzt worden, ist nicht plausibel.

Kiews gefälschter »schlagender Beweis«

Die meisten der Argumente der Obama-Regierung über die Verantwortlichkeit für MH17 beziehen sich auf Zitate von Vertretern der Regierung in Kiew, als ob die glaubwürdig wären. Sie haben wiederholt gelogen, seit ihrem von den USA unterstützten Putsch am 22. Februar 2014, der sie illegal an die Macht brachte. Nur Stunden nach Bekanntwerden des Flugzeugabsturzes veröffentlichte der ukrainische Geheimdienst angebliche »Beweise« dafür, dass MH17 durch von Russland ausgebildete Separatisten auf direkten russischen Befehl abgeschossen worden sei. Das 2:23-Minuten-*YouTube*-Video beweise, dass Militante der Gruppe *»Bes«* mit einer russischen Luftverteidigungsrakete eine Boeing 777 der *Malaysian Airlines* auf dem Weg von Amsterdam nach Kuala Lumpur abgeschossen hätten.

Der ukrainische Geheimdienst präsentierte angeblich abgehörte Gespräche, vor allem zwischen einem prorussischen Separatisten und seinem Koordinator Wassili Geranin, angeblich ein Oberst der Geheimdienstabteilung des Generalstabs der russischen Streitkräfte. Sie sprechen über den »Abschuss eines Flugzeuges«. Es ist nicht klar, ob es sich um ein Zivilflugzeug oder einen Militärjet handelt, und es könnte sich auch auf den Abschuss einer ukrainischen SU-25 beziehen, die einige Stunden zuvor bei den Kämpfen im Bürgerkrieg abgeschossen worden war. Auf dem *YouTube*-Clip lässt sich nicht beweisen, ob das Audio nicht einfach von zwei Schauspielern in einem Studio erstellt wurde, die von einem Skript ablasen, das ihnen von Kiew oder der CIA ausgehändigt worden war. Der gesamte *YouTube*-Clip verschwand aus den Medien, als gewissenhafte IT-Ermittler den Zeit/Datum-Stempel entdeckten, der zeigte, dass das Video am 16.7.2014 um 19:10 Uhr Kiewer Zeit online gestellt wurde, einen ganzen Tag VOR dem Abschuss von MH17. Ups! Zurück an eure Zeichenbretter in Langley, Jungs!

So viel zur Glaubwürdigkeit der Regierung in Kiew, die seit ihrem ersten Tag im Amt praktisch in jedem Belang gelogen hat.

Gleichzeitige US-NATO-Manöver

Jetzt kommen wir zu einem höchst interessanten Zusammentreffen. Ähnlich wie bei den Anschlägen auf das *World Trade Center* im September 2001, dem Terroranschlag des sogenannten Boston-Bombers und anderen Terrorattacken fanden an den Tagen vor und nach dem MH17-Zwischenfall wichtige NATO-Ukraine-Manöver statt.

Wie der Washingtoner NSA-»Whistleblower« Wayne Madsen berichtet, führten die NATO und die ukrainischen Streitkräfte zehn Tage lang gemeinsame militärische »Übungen« unter dem Codenamen »SEA BREEZE« durch, zu denen auch der Einsatz elektronischer Kriegsführung und elektronischer Aufklärungsflugzeuge wie der *Boeing EA-18G Growler* und des *Boeing E3 Sentry Airborne Warning and Control System* (AWACS) gehörte. An SEA BREEZE war laut Madsen auch der Lenkwaffenkreuzer *Vella Gulf* beteiligt. Vom Schwarzen Meer aus *»könnte die Vella Gulf Malysian Airlines MH17 über das Schwarze Meer und auch jede Rakete, die auf das Flugzeug abgefeuert wurde, verfolgen.«* Außerdem waren US-AWACS-Flugzeuge der Elektronischen Aufklärung (ELINT) zur Zeit des Flugs von MH17 über die Ukraine in der Schwarzmeerregion unterwegs. *Growler*-Flugzeuge können Radarsysteme bei allen Boden-Luft-Bedrohungen stören.[3]

Die NATO-Übung fiel zusammen mit dem Abschuss von MH17

am 17. Juli, nur rund 50 Kilometer von der russischen Grenze entfernt. NATO-Schiffe und Flugzeuge hatten die Regionen Donezk und Luhansk unter völliger radartechnischer und elektronischer Kontrolle.[4]

Ein sehr merkwürdiges Detail ist die zentrale Rolle, die US-Vizepräsident Joe Biden bei den Ereignissen in der Ukraine wiederholt gespielt hat und noch spielt. Seit Beginn der Proteste ist Biden persönlich involviert. Und ungewöhnlicherweise war es nicht die NATO, sondern die von Vizepräsident Bidens Büro betriebene Website, die am 21. Mai 2014 zuerst die US-Militärmanöver SEA BREEZE und RAPID TRIDENT II ankündigte. Außerdem – ein offener Interessenkonflikt – ist Bidens Sohn Hunter Biden neu ernannter Direktor des ukrainischen Erdgas- und Erdölunternehmens *Burisma Holdings, Ltd.*,[5] das Ihor Kolomojskyj, dem ukrainisch-israelischen Mafia-Oligarchen – bekannt als »das Chamäleon« – gehört.[6]

Die brennende Frage ist, warum die US-Regierung die Flugbilder des Fluges MH17 vom 17. Juli nicht veröffentlicht hat, um genau zu zeigen, wann die Maschine flog und von wo genau sie getroffen wurde. Könnte es sein, dass sie sie deshalb nicht veröffentlichen, weil sie fürchten, es könne auf die Kriegsfalken in Washington zurückschlagen?

Die US-Behörden verfügen nicht nur über Satellitendaten von Flug MH17, sondern auch über genaue Bilder der wahrscheinlichen Raketenbatterie, von der aus die Rakete abgeschossen wurde, die MH17 zerstörte. Und die Bilder zeigen klar Soldaten, die … ukrainische Uniformen tragen.

Der preisgekrönte ehemalige *Newsweek*-Journalist Robert Parry berichtet, er habe von einer zuverlässigen Whistleblower-Quelle erfahren, dass »US-Geheimdienstbehörden über detaillierte Satellitenbilder der mutmaßlichen Raketenbatterie verfügen, von der die verhängnisvolle Rakete abgeschossen wurde, aber die Batterie scheint unter der Kontrolle ukrainischer Regierungstruppen gewesen zu sein, die Uniformen trugen, die wie ukrainische Uniformen aussahen.«[7] Könnte das der Grund sein, warum die Obama-Regierung bis heute keine detaillierten Beweise für ihre Behauptung veröffentlicht hat, »von Moskau unterstützte ukrainische Rebellen« hätten die tödliche Rakete abgefeuert?

Das US-Außenministerium verändert die Story

Der offizielle Propagandakrieg gegen Russland wegen des Abschusses von MH17 wird, genauso wie der Putsch auf dem Majdan-Platz, von einer Clique Neokonservativer im US-Außenministerium um die Europa- und Eurasienbeauftragte des *State Department,* Victoria »Fuck the EU« Nuland[8] geführt. Nuland war Assistentin von Vizepräsident Dick Cheney und amerikanische NATO-Botschafterin, ihr neokonservativer Ehemann Robert Kagan gehörte zu den Vätern des in der Bush-Ära formulierten Kriegsdokuments *Project for a New American Century,* in dem im September 2000 der Plan für einen Krieg der USA entworfen wurde, ein Jahr vor dem 11. September 2001.

Nulands stellvertretende Pressesprecherin – und ehemalige Pressesprecherin der CIA – Marie Harf sah sich am 21. Juli bei einer Pressekonferenz mit ungewöhnlich hartnäckigen und kritischen Fragen mehrerer Journalisten konfrontiert.[9] Sie wollten wissen, warum Minister John Kerry und die US-Regierung, die doch angeblich über »unbestreitbare« Beweise für die Beteiligung Russlands und der Rebellen am Absturz von MH17 verfügten, diese nicht öffentlich machten, wie es bei anderen Zwischenfällen, beispielsweise bei der Kuba-Krise von 1962, der Fall gewesen war. Defensiv und durch die Fragen verwirrt, erwiderte Harf unter Bezug auf Kerrys Erklärungen vom 20. Juli, »unsere Einschätzung ist, dass es eine SA-11 war, die aus dem Gebiet abgeschossen wurde, das von durch Russland unterstützte Separatisten beherrscht wird.« Aber was war der Beweis, den die Journalisten verlangten? Harf antwortete: »...dass wir wissen – wir sahen es später in sozialen Medien, wir sahen Videos, wir sahen Fotos der prorussischen Separatisten, die sich damit brüsteten, ein Flugzeug abgeschossen zu haben ...«

Entschuldigung, dass ich jetzt nach Luft schnappe. »Wir sahen es später in sozialen Medien ... wir sahen Fotos prorussischer Separatisten, die sich brüsteten ...« Hat die CIA etwa auch sprechende Fotos entwickelt?

Offenbar infolge des wachsenden Drucks, Beweise vorzulegen, gab CNN, ein loyales Sprachrohr des *US State Department,* einen Tag später, am 22. Juli, bekannt, die Regierung habe einen Satellitenbeweis veröffentlicht. Endlich! Wie sah er aus? Diese Darstellung, die ein Photopaint-Anfänger hätte anfertigen können, zeigte nichts Reales, nichts, was bei einer Beweisaufnahme durch die UN als Beweis vorgebracht werden könnte (siehe Bild oben rechts).

Während der Druck auf die US-Regierung, auch die Aufklärungsbilder freizugeben, stündlich wuchs, sah es mehr und mehr danach aus, dass die »Beweise« auf den Satellitenbildern der CIA tatsächlich keine prorussischen Rebellen zeigten, die das BUK-Flugabwehrsystem

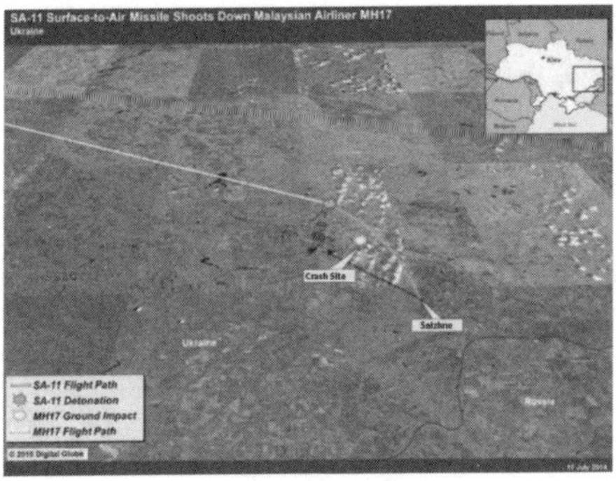

CNN-Foto, ein angebliches Satellitenbild der US-Regierung, das zeigt, wie und wo »prorussische Rebellen« in der Ukraine Flug MH17 trafen

bedienten, sondern vielmehr ukrainische Soldaten in Uniform, wie Parrys Nachrichtenquelle behauptete.

Während die Regierung und der militärische Geheimdienst Russlands ihre eigenen Beweise veröffentlichen, verfiel die Obama-Administration in einen fieberhaften Schadensbegrenzungsmodus. Um 17:57 Uhr Ortszeit in Washington hielten »nicht namentlich genannte hochrangige Regierungsvertreter« am 22. Juli ein Pressebriefing ab. »Nicht namentliche genannte hochrangige Regierungsvertreter« sind in der Regel Minister oder deren Stellvertreter. Die Intelligence-Vertreter erklärten, Russland habe zwar Separatisten in der Ostukraine verhaftet, doch »die USA hätten keinen direkten Beweis dafür, dass die Rakete, die das Passagierflugzeug zum Absturz brachte, aus Russland kam«.[10]

Weiter sagten sie, sie wüssten nicht, wer die Rakete abgeschossen habe oder ob russische Agenten an der Raketenabschussstelle gewesen wären. Sie seien nicht sicher, dass die Raketen-Crew in Russland ausgebildet worden sei. Zu der Frage, wer die Rakete abgeschossen habe, erklärten sie: »Wir kennen den Namen nicht, wir kennen keinen Dienstgrad und wir sind uns nicht einmal hundertprozentig sicher über die Staatsangehörigkeit …«[11]

Aber wie in einer schlechten Kopie von *Dick & Doof* wiederholten die »hohen« US-Intelligence-Vertreter auf Fragen nach Einzelheiten zu ihren Beweisen das Mantra von Marie Harf vom *US State Department*. Wie sie erklärten, verließen sie sich »teilweise auf Postings in sozialen Medien und auf Videos, die die Regierung der Ukraine in den letzten Tagen veröffentlicht« habe, obwohl sie nicht alles hätten authentifizieren können. Beispielsweise bezogen sie sich auf ein Video, das einen Raketenwerfer zeigte, der angeblich nach dem Abschuss über die russische Grenze gebracht worden sei und bei dem anscheinend eine Rakete fehlte. Aber auf

Nachfragen räumten die Vertreter später ein, noch nicht verifiziert zu haben, dass das Video tatsächlich genau das war, als das es ausgegeben wurde.[12]

Letzteres ist erstaunlich, denn es bedeutet, dass irgendein Briefing-Beauftragter, vielleicht von der CIA oder vom *State Department*, den Präsidenten der Vereinigten Staaten informierte (er hat ja wohl keine Zeit, um eigene Untersuchungen anzustellen …), der dann am 21. Juli im nationalen Fernsehen den Vorwurf erhob, das Flugzeug von *Malaysian Airlines* »wurde über einem Gebiet abgeschossen, das von russisch-unterstützten Separatisten in der Ukraine beherrscht wird«. Außerdem sagte er, Russland habe die Separatisten ausgebildet und »sie mit militärischer Ausrüstung und Waffen, einschließlich Flugabwehrwaffen, ausgestattet«. Diese Rede brachte die ganze Welt einen großen Schritt näher an einen offenen Kalten Krieg mit Russland, aus dem sich sehr schnell ein heißer Krieg entwickeln könnte. Einen Tag später entschied eine hohe Stelle in der US-Regierung, die Konfrontation deutlich zu deeskalieren.

Kolomojskyjs Privatarmee: Wer hat MH17 wirklich abgeschossen?

Das wirft die Frage auf, wer dann wirklich MH17 abgeschossen hat. Nun wird es echt peinlich. Denn das genaue Gebiet, von dem aus die verhängnisvolle Rakete abgeschossen wurde, steht in Wirklichkeit nicht unter der Kontrolle der »prorussischen Rebellen«, sondern einer neonazistischen privaten Söldnerarmee, organisiert und bewaffnet von dem ukrainischen Milliardär und Oligarchen Ihor Kolomojskyj.

Dass Kolomojskyj mit den Geheimdiensten der USA und Israels zusammenarbeitet, dürfte auf der Hand liegen. Er besitzt neben dem ukrainischen auch einen israelischen Pass und leitet sein Geschäftsimperium von der Schweiz, nicht von Kiew aus. In den letzten Monaten hat er seine eigene Söldnerarmee aufgebaut, die auch über die BUK-Raketen verfügt, die angeblich zum Abschuss von MH17 verwendet wurden. Kolomojskyj, der Gouverneur des Bezirks Dnipropetrowsk in der Ostukraine, hat mit Terrorattacken auf russischsprachige Vertreter in der Ostukraine gedroht, sogar mit Mord.

Kolomojskyj, der als der zweitreichste Mann der Ukraine gilt, hat auch enge Verbindungen zum Kiewer Internationalen Flughafen *Borispol*, wo Berichten zufolge Truppen des ukrainischen Innenministeriums kurz vor dem Abschuss von MH17 den Kontrollturm stürmten.[13]

Wurde dieser Sturm auf den Kiewer Kontrollturm kurz vor dem Abschuss von MH17 durch Truppen des Innenministeriums vom neuen ukrainischen Innenminister Arsen Awakow angeordnet[14] – einem Mann, der früher wegen Betrugs von Interpol gesucht wurde und der ein enger Freund der früheren Ministerpräsidentin und Russlandhasserin Julia Timoschenko und Ihor Kolomojskyjs ist? Awakow war der Erste, der die Rebellen in der Ostukraine als »Terroristen« bezeichnete, ein Etikett, das es offenbar rechtfertigt, jede erdenkliche Gräueltat gegen unschuldige Zivilisten zu begehen, ganz ähnlich wie Israel heute in Gaza.

In einem persönlichen Interview verwies Jeffrey Silverman, Chef des Büros des Internet-Journals *Veterans Today* in Tiflis, auf die mögliche Komplizenschaft des Unternehmens *Inmarsat* im Fall MH17. Zum Zuständigkeitsbereich der Firma *Inmarsat,* die das Pentagon und die US-Regierung als wichtige Kunden nennt, wurde der Flug laut Silverman »verloren« weil *Inmarsat* die Signale abstellte und sich bis heute weigert, ihre Daten zu veröffentlichen.

In einem Interview unmittelbar nach dem Absturz von MH17 berichtete ein lediglich als »Carlos« identifizierter Spanier in ETN, einem Internetnachrichtenportal, nach seiner privaten Einschätzung, die er auf militärische Quellen in Kiew stütze, stünden die ukrainischen Streitkräfte hinter diesem Abschuss. Radaraufzeichnungen in Kiew seien umgehend beschlagnahmt worden, nachdem klar wurde, dass ein Passagierflugzeug abgeschossen worden war, alle ausländischen Angestellten der Kiewer Flugsicherung scien sofort entlassen worden. Carlos berichtet auch, dasselbe MH17-Flugzeug sei bis drei Minuten vor dem Verschwinden vom Radar von ukrainischen Kampfflugzeugen eskortiert worden.[15]

Wir werden von Carlos vermutlich keine weiteren Einzelheiten erfahren, denn unmittelbar nachdem sein Bericht ins Internet gestellt wurde, verschwand er, seine Accounts bei sozialen Medien wurden gelöscht und niemand scheint zu wissen, wo er sich aufhält.

Innerhalb der Ukraine gibt es Spekulationen über ein tiefes Zerwürfnis zwischen der bei den Wahlen unterlegenen Timoschenko und dem Schokoladenkönig und Milliardär Petro Poroschenko, dessen Geschäftsimperium in erheblichem Ausmaß von wirtschaftlichen Verbindungen zu Russland abhängt.

Kolomojskyj, nominell jüdisch und vorgeblich israelfreundlich, zumindest aber im Besitz eines israelischen Passes, unterstützt Taktiken von Neonazis, die deutlich an Hitlers SS oder die Gestapo der Nazis erinnern. Kolomojskyjs Truppen sind mit modernen Waffen ausgerüstet, die sowohl aus ukrainischen Waffenlagern als auch vom Schwarzmarkt stammen. Angeblich verfügen sie über das BUK-Flugabwehrsystem, mit dem MH17 abgeschossen worden sein soll.

Kolomojskyjs Truppen setzen sich zusammen aus regulären ukrainischen Militärangehörigen, neonazistischen Einheiten aus der Westukraine, ausländischen Söldnern, unter anderem Georgier, Rumänen und Rassisten aus Schweden und Deutschland sowie ehemalige Blauhelm-Kommandos der israelischen Streitkräfte. Sie sind in vier Bataillonen organisiert: dem Asow-Bataillon, dem Aidar-Bataillon, dem Donbass-Bataillon und dem 2000 Mann starken Dnjepr-1-Bataillon, das für den tödlichen Brandanschlag am 1. Mai auf das Gewerkschaftshaus in Odessa und den Brand der Polizeistation in Mariupol am 9. Mai, bei dem Menschen lebendig verbrannten, verantwortlich ist. Dnjepr-1 unterhält zudem eine Reserve von 20 000 Mann.

Im Zentrum von Kolomojskyjs Armee steht eine Nazi-»Braunhemden«-Truppe glühender Kolomojskyj-Loyalisten, die Gewehre, Eisenstangen und Schlagstöcke eingesetzt haben, um im Auftrag Kolomojskyjs sogenannte »separatistische« Sympathisanten, die Fabriken und Büros in der Ukraine besaßen, gewaltsam zu enteignen.[16]

Georgier in Kolomojskyjs Armee wurden Berichten zufolge für die Handhabung von BUK-Raketensystemen ausgebildet, die die einstige ukrainische Regierung von Wiktor Juschtschenko an den damaligen, von den USA unterstützten georgischen Präsidenten Micheil Saakaschwili verkauft hat. Kolomojskyj nutze jetzt Ex-Präsident Saakaschwilis »Beratungsdienste« in Dnipropetrowsk bei seinem militärischen und politischen Feldzug gegen die abtrünnigen Republiken Donezk und Luhansk, berichtet Madsen.

Wenn die Gang um Kolomojskyj tatsächlich hinter der Katastrophe von MH17 stand, würde das erklären, warum die Neokonservativen und die proisraelische Lobby in Washington und weltweit, besonders in den Medien, den russischen Präsidenten Putin und nicht Kolomojskyj aufs Korn nehmen. Kolomojskyj scheint indirekten Zugang zu den höchsten Ebenen der Macht im Verteidigungsministerium, bei der NATO und in der *US Intelligence Community* zu haben.

Eine seriöse, wahrheitssuchende Ermittlung sollte mit Kolomojskyj und seinem internationalen Netzwerk beginnen. Aber zum gegenwärtigen Zeitpunkt ist klar, dass der Versuch, Putins Russland für MH17 verantwortlich zu machen, nach hinten losgeht. Dem Autor ist bewusst, dass das noch längst nicht alles ist.

– 26. Juli 2014

Endnoten:

1 Paul Joseph Watson, »Amerikanisches Außenministerium räumt ein: ›Beweise‹ stützen sich auf *YouTube*-Videos und soziale Medien«, in: *KOPP Online*, 23. Juli 2014, zu finden unter: *http://info.kopp-verlag.de/hintergruende/geostrategie/paul-joseph-watson/amerikanisches-aussenministerium-raeumt-ein-beweise-stuetzen-sich-auf-youtube-videos-und-soziale-.html* (aufgerufen: Juli 2014).
2 Siehe *http://www.zerohedge.com/sites/default/files/images/user5/imageroot/2014/07/restricted%20air%20space.png* (aufgerufen: Juli 2014).
3 *Wayne Madsen Report:* »Beyond the Headlines: In-depth news and commentary«, zu finden unter: *http://www.waynemadsenreport.com/categories/20140512* (aufgerufen im Juli 2014).
4 Ebd.
5 Kurt Nimmo, »Elite verteilt die Beute: US-Vizepräsident Joe Bidens Sohn Hunter Biden übernimmt Leitung der Rechtsabteilung des größten ukrainischen Gaskonzerns«, in: *KOPP Online*, 14. Mai 2014, zu finden unter: *http://info.kopp-verlag.de/hintergruende/europa/kurt-nimmo/elite-verteilt-die-beute-us-vizepraesident-joe-bidens-sohn-hunter-biden-uebernimmt-leitung-der-rech.html* (aufgerufen: September 2014).
6 *Wayne Madsen Report*, a. a. O.
7 Robert Parry, »What Did US Spy Satellites See in Ukraine?«, in: *Consortiumnews.com*, 20. Juli 2014, zu finden unter: *http://consortiumnews.com/2014/07/20/what-did-us-spy-satellites-see-in-ukraine/* (aufgerufen: Juli 2014).
8 Siehe: *http://en.wikipedia.org/wiki/Victoria_Nuland* (aufgerufen: Juli 2014).
9 Paul Joseph Watson, a. a. O.
10 AOL: »US: No link to Russian government in Flight MH17 downing«, 22. Juli 2014, zu finden unter: *http://www.aol.com/article/2014/07/22/us-no-link-to-russian-government-in-flight-mh17-downing/20935367/?icid=maing-grid7|main5|dl1|sec1_lnk2%26pLid%3D505510* (aufgerufen: Juli 2014).
11 Ebd.

12 *Wayne Madsen Report,* a.a.O.

13 Ebd.

14 Siehe: *http://en.wikipedia.org/wiki/Arsen_Avakov_%28politician%29* (aufgerufen: Juli 2014).

15 »Ukraine air traffic controller suggests Kiev military shot down passenger plane«, in: *eTurbo News,* 17. Juli 2014, zu finden unter: *http://www.eturbonews.com/48079/ukraine-air-traffic-controller-suggests-kiev-military-shot-down-* (aufgerufen: Juli 2014).

16 Ebd.

17 *Wayne Madsen Report,* a. a. O.

36

Es riecht nach Korruption – Ein ukrainischer Oligarch, Schiefergas, Bürgerkrieg und Biden Junior

In der ukrainischen Politik riecht es nach Korruption, seit das Land nach der Erklärung der Unabhängigkeit von der Sowjetunion im Jahre 1991 für die allgemeine Plünderung freigegeben wurde. Doch heute, rund fünf Monate nach dem von skrupellosen Gangstern geführten und von Washington inszenierten Putsch, der das derzeitige Regime in Kiew an die Macht gebracht hat, wird dieser Geruch unerträglich. Jetzt geht es auch um die ukrainischen Schiefergasvorkommen.

Laut einem Gutachten, das vor zwei Jahren im Auftrag des US-Energieministeriums erstellt wurde, verfügt die Ukraine über bis zu 42 Billionen Kubikfuß (»tcf«, für »trillion cubic feet«) technisch förderbares Schiefergas. Die Gesamt-Schiefergasvorkommen belaufen sich auf 197 tcf. Um diese Größenordnung in die richtige Perspektive zu rücken: Die Ukraine ist (oder war bis vor wenigen Wochen) Transitland für die Lieferung von drei tcf russischem Erdgas an Deutschland, Österreich und andere Länder.

Die Ukraine selbst verbraucht im Jahr rund 1,8 tcf Erdgas. Also haben ein paar gewitzte ukrainische Geschäftsleute zusammen mit der stets politisch engagierten *Royal Dutch Shell* – dem niederländisch-britischen Energiekonzern – beschlossen, nach diesem Gas und auch nach

Öl zu bohren und es durch Fracking zu fördern, wie es schon heute in Texas gemacht wird. Und hier wird es wirklich interessant.

Burisma Holdings

Das ukrainische Unternehmen, das sich die Pachtrechte für den Löwenanteil des ukrainischen Schiefergebiets (buchstäblich) unter den Nagel gerissen hat, ist die *Burisma Holdings*. *Burisma* ist der größte Erdgasproduzent in der Ukraine, so weit ist es keine Überraschung. Aber einen Augenblick – der Geruch wird stärker. *Burisma Holdings* hatte vor einigen Monaten für Stirnrunzeln gesorgt, als das Unternehmen bekanntgab, man habe den Sohn des US-Vizepräsidenten als Leiter der Rechtsabteilung mit Zuständigkeit für internationale Beziehungen eingestellt. Hunter Biden wurde auch in den *Burisma*-Vorstand berufen.[1]

Was daran falsch sein solle, fragen Sie? Ist der Vater für seinen erwachsenen Sohn verantwortlich? Oder könnte es etwas noch Hässlicheres sein? Wurde Biden Junior ausdrücklich ausgewählt, so wie Billy Carter von der libyschen Regierung ausgewählt wurde, weil er der Sohn eines mächtigen Mannes in Washington ist und eine Verbindung zwischen *Burisma Holdings* und der Obama-Regierung darstellen würde? Hier können wir nur raten, dass die Antwort »ja« lautet.

Joe Biden und sein Sohn Hunter kamen bereits 2005 unter Beschuss, als Joe Biden, der spätere Vizepräsident, noch ein einflussreicher Senator war. MBNA, damals der größte private Kreditkartenanbieter der Welt, heuerte den Sohnemann als Vizechef des Unternehmens an. Zur gleichen Zeit erhielt Senator Biden seine größten Wahlkampfspenden von MBNA und – höchst willkommen für MBNA – setzte sich bei anderen Senatoren für eine Reform der Konkursgesetzgebung ein, die von MBNA unterstützt wurde. US-Medien bezeichneten Senator Biden damals kritisch als den »Senator von MBNA«.[2]

Aber in der Ukraine kommt es noch viel dicker. Im April stimmte Hunter Biden seiner Berufung in den Vorstand eines der politisch umstrittensten, skandalträchtigen Unternehmen in der gleichermaßen skandalträchtigen Ukraine zu. Genauso wie sein Vater Joe ist Hunter tief in US-amerikanische Machenschaften mit Victoria Nuland vom *State Department* verstrickt, mit denen der illegale Regimewechsel in der Ukraine inszeniert wurde. Bidens Vorstandsposten bei *Burisma* wurde genau in dem Moment publik gemacht, als sein Vater, Vizepräsident Joe, in Kiew mit dem neuen Regime verhandelte.

Sohn Hunter gehört darüber hinaus dem Beirat des *National Democratic Institute* (NDI) an. Das NDI ist ein Projekt des *National Endowment for Democracy* (NED), jener aus Steuermitteln finanzierten Organisation, die, wie Alan Weinstein, einer ihrer Gründer, einmal sagte, »heute das tut, was die CIA vor 25 Jahren verdeckt tat«.

Burisma Holdings gehört zum Wirtschaftsimperium des zweitreichsten Milliardärs und Oligarchen der Ukraine, Ihor Kolomojskyj. Hunter Bidens Partner im *Burisma*-Vorstand ist kein Geringerer als Aleksander Kwaśniewski, der im Januar, wenige Wochen vor dem Putsch in Kiew, berufen wurde. Kwaśniewski war während der Präsidentschaft von G. W. Bush Präsident der Republik Polen. Chef von *Burisma* ist der frühere Wall-Street-Investmentbanker von *Merrill Lynch,* Alan Apter. Und schließlich berief *Burisma* gleichzeitig mit Hunter Biden auch Devon Archer in den Vorstand, Bidens Partner bei der US-Investmentfirma *Rosemont Seneca Partners* und Manager des Familienvermögens von Theresa Heinz Kerry, Ehefrau von US-Außenminister John Kerry und Witwe von Henry Heinz III. Archer sitzt auch im Vorstand der Stiftung der Howard-J.-Heinz-Stiftung. Mit der Berufung in den Vorstand gewann *Burisma* im April also den Sohn des Vizepräsidenten der Vereinigten Staaten und den Finanzberater der Familie des Außenministers. Nicht schlecht für ein fast unbekanntes ukrainisch-zypriotisches Unternehmen.[3]

Burisma selbst scheint ein sehr zwielichtiges Unternehmen zu sein.[4] Der Firmensitz ist auf Zypern, es gibt wenige Informationen über die Geschäfte, kein Profil bei *Bloomberg* und keinerlei *Wikipedia*-Präsenz. Und jetzt wird es wirklich interessant. Am 3. März, nur wenige Tage nach dem blutigen Putsch, ernannte das illegale Kiewer Regime Ihor Kolomojskyj, vermutlich auf Rat von Nulands *State Department,* zum Gouverneur der Region Dnipropetrowsk in der Ostukraine, der Region, in der das Schiefergas der Ukraine liegt.[5] *Burisma Holdings* hat die Bohrrechte in genau dem Teil der Ostukraine, im Dnepr-Donezk-Becken in der Nähe von Charkiw, wo der Widerstand gegen das Diktat aus Kiew am größten ist.

Wie in einem früheren Artikel ausführlich beschrieben,[6] hat Kolomojskyj, ein Ukrainer mit israelischem Pass, der seine »Privat-Gruppe« aus der Schweiz heraus leitet, seine eigene Privatarmee gegen die Rebellen in der Ostukraine eingesetzt; Rebellen, die in der Gegend wohnen, für die er gemeinsam mit dem niederländisch-britischen Energiekonzern *Shell* ein Joint Venture zur Bohrung nach Schiefergas besitzt.[7]

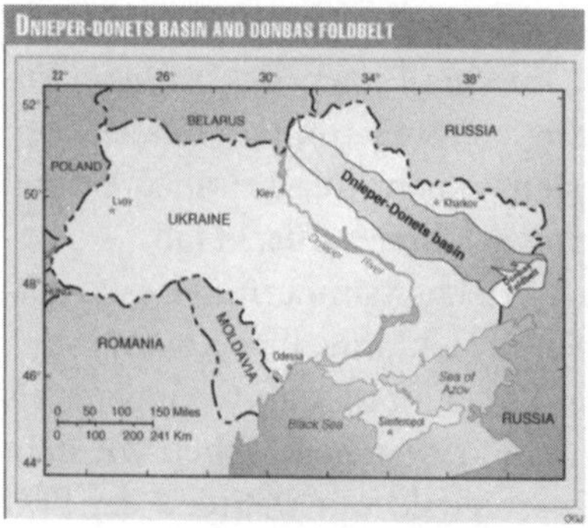

Schätzungsweise 90 Prozent der ukrainischen Schiefergasvorkommen lagern in der Ostukraine; die Firma Burisma Holdings *des Oligarchen Kolomojskyj besitzt die Pachtverträge, gemeinsam mit* Royal Dutch Shell.

Quelle: Oil & Gas Journal

Ukrainische Armee bewacht Schiefergasfelder

Jetzt berichten russische Medien, die privaten Soldaten brächten heimlich Ausrüstung für das Fracking von Schieferöl und -gas sowie Bohrtürme in die Region, die von Kolomojskyjs Armee gesichert wird. Am 25. Juli berichtete die Nachrichtenagentur *Itar-Tass,* ukrainische Truppen hülfen bei der Installierung der Produktionsanlagen für Schiefergas in der Nähe der ostukrainischen Stadt Slowjansk, die sie in den letzten drei Monaten bombardiert und beschossen hatten. »Zivilisten, die von der ukrainischen Armee beschützt werden, machen sich bereit, Bohrtürme zu errichten. Weitere Ausrüstung wird angeliefert«, das Militär umstelle das gesamte zukünftige Fördergebiet, hieß es in der Meldung.[8]

Slowjansk liegt im Zentrum des Jusowka-Erdgasfelds; Einwohner hatten dort vor dem Februar-Putsch wiederholt gegen das Fracking demonstriert. Im Mai 2012 gewährte der ukrainische Staatliche Dienst für Geologie und Bodenschätze dem niederländisch-britischen Konzern *Shell* die Rechte zur Erschließung der Schiefergasvorkommen von Jusowka. *Burisma* hält auch die Rechte zur Erschließung der Schiefergasfelder im Dnepr-Donezk-Becken in der Ostukraine.[9]

– 30. Juli 2014

Endnoten:

1 »Burisma Holdings' Board Member Hunter Biden outlines his mission for the Company«, zu finden unter: *http://burisma.com/hunter-biden-joins-the-team-of-burisma-holdings/* (aufgerufen: September 2014).

2 »MBNA Paid Biden's Son As Biden Backed Bill«, in: CBSNEWS, 25. August 2008, zu finden unter: *http://www.cbsnews.com/news/mbna-paid-bidens-son-as-biden-backed-bill/* (aufgerufen: September 2014).

3 »Burisma Holdings' Board Member Hunter Biden outlines his mission for the Company«, a. a. O.

4 Mollie Hemingway, »9 Questions To Ask About Biden's Work With A Gas Company In Ukraine«, in: The Federalist, 13. Mai 2014, zu finden unter: *http://thefederalist.com/2014/05/13/9-questions-to-ask-about-bidens-work-with-a-gas-company-in-ukraine/* (aufgerufen: September 2014).

5 Olga Rudenko, »Billionaire Kolomoisky takes over in Dnipropetrovsk Oblast, blasting Putin and Yanukovych«, in: *Kyiv Post*, 3. März 2014, zu finden unter: *https://web.archive.org/web/20140902201709/http://www.kyivpost.com/content/ukraine/billionaire-kolomoisky-takes-over-in-dnipropetrovsk-oblast-criticizing-putin-and-yanukovych-338261.html* (aufgerufen: September 2014).

6 Siehe Kapitel 35 in diesem Buch: »Ukraine-MH17 ist eine ›falsche Flagge‹ der CIA, und sie wird nicht funktionieren«.

7 »Burisma Holdings' Board Member Hunter Biden outlines his mission for the Company«, a. a. O.

8 »Ukrainian army helps installing shale gas production equipment near Slavyansk«, veröffentlicht von: *ITAR-TASS News Agency*, 25. Juli 2014, zu finden unter: *http://en.itar-tass.com/world/742366* (aufgerufen: September 2014).

9 Ebd.

37

EU und IWF plündern die ukrainische Landwirtschaft

Alles, was Wert haben könnte in der Ukraine, wird weiterhin ungebremst zerstört – dank der Mithilfe Washingtons. Das betrifft nicht nur die ethnische Säuberung der Donbass-Region von russischsprachigen Bürgern durch die Psychopathen in Kiew, sondern zusätzlich treibt das brutale Diktat des Internationalen Währungsfonds (IWF) eine der fruchtbarsten landwirtschaftlichen Regionen der Welt in die Fänge *Monsantos* und des westlichen Agrobusiness.

Es sollte nicht vergessen werden, dass die monatelangen Proteste gegen die Janukowytsch-Regierung im November 2013 auf dem Majdan-Platz begannen, nachdem Janukowytsch ein geplantes Assoziierungsabkommen mit der EU abgelehnt hatte. Dieses Abkommen war an einen 17-Milliarden-Dollar-Kredit des Internationalen Währungsfonds gekoppelt. Anstelle der EU und der Vereinbarung mit dem IWF wählte Janukowytsch russische Wirtschaftshilfe in Höhe von 15 Milliarden Dollar plus einen 33-prozentigen Preisnachlass für russisches Erdgas sowie die Mitgliedschaft der Ukraine in der neu entstehenden Eurasischen Wirtschaftsunion mit Russland, Kasachstan und Weißrussland.

Für die Ukraine stand jedoch mehr auf dem Spiel als ein paar Milliarden Dollar extra. Dabei sind die Details der »Bedingungen« für den IWF-Kredit wichtig, um zu verstehen, warum Janukowytsch sie zu Recht ablehnte. Als mutmaßlich von der NATO ausgebildete

Scharfschützen auf dem Majdan-Platz das Feuer auf friedliche Demonstranten und Polizeikräfte eröffneten und viele erschossen, führte die anschließende Panik zu Janukowytschs Flucht und zur Bildung genau der Regierung, die sich die Osteuropa-Beauftragte des US-Außenministeriums, Victoria »Fuck the EU« Nuland, wünschte, wie sie seinerzeit in einem Gespräch mit dem US-Botschafter in Kiew betonte. Der entscheidende Posten des Ministerpräsidenten ging, wie sie verlangt hatte, an den früheren Finanzminister Arsenij Jazenjuk, der den USA und dem IWF freundlich gesinnt war und den Nuland liebevoll »Jats« nannte.

Schon in der Woche nach Jazenjuks Amtsantritt entsandte der IWF eine Delegation nach Kiew, um sich zu vergewissern, dass die neue Regierung tatsächlich den IWF-Bedingungen für den 17-Milliarden-Dollar-Kredit zustimmte. Die Antwort war ein überwältigendes »Ja!«. Am Ende seines Besuchs erklärte Reza Moghadam, der Leiter der Europaabteilung des IWF, er sei »beeindruckt von der Entschlossenheit der Behörden, ihrem Verantwortungsgefühl und der Orientierung auf ein Programm wirtschaftlicher Reform und Transparenz«.

Am 22. Mai kündigte der amerikanische Präsident der Weltbank, Jim Yong Kim, in Washington ein Hilfspaket über 3,5 Milliarden Dollar für die Ukraine an. Dabei lobte er die Jazenjuk-Regierung für ihr »umfassendes Reformprogramm, das sie mit der Hilfe der Weltbank-Gruppe umsetzen will«.[1]

Die Plünderung der ukrainischen Landwirtschaft

Der IWF konzentriert sich vor allem darauf, die Reichtümer der ukrainischen Landwirtschaft für US-amerikanische und EU-europäische Agrobusiness-Konzerne, allen voran die Gen-Saatgut-Hersteller *Monsanto* und *DuPont,* zu öffnen.

Am 27. Mai 2014 verriet die *New York Times* die Wahrheit über den »großzügigen« IWF-Kredit. Entsprechend dem Motto »Nichts ist umsonst« muss die Ukraine zahlen, und zwar nicht zu knapp. Wie die *New York Times* berichtete, »bestehen westliche Interessen auf Veränderung, große Multis bekunden vorsichtiges Interesse an der ukrainischen Landwirtschaft«. Außerdem wurde enthüllt, wie die Reformen der Wirtschaft und insbesondere des Landwirtschaftssektors, die an den 17-Milliarden-Dollar-Kredit des IWF gebunden sind, »das Vertrauen ausländischer Investoren stärken«, weil sie »Bürokratie und Ineffizienz« des landwirtschaftlichen Sektors aufs Korn nehmen.

Schon 2012, als der damalige Präsident Janukowytsch die Bedingungen von IWF und Weltbank als zu große Belastung für das Land ablehnte, startete die Weltbank über ihre Privatsektor-Abteilung, die *International Finance Corporation* (IFC), ein Programm zur Ausweitung des Agrobusiness in der Ukraine. Die IFC etablierte das *Ukraine Investment Climate Advisory Services Project* zur Verbesserung des Investitionsklimas bis 2015 durch »Straffung oder Aufhebung von 58 verschiedenen Verfahren und Methoden«.

Unter anderem forderte die IFC, die Ukraine solle »Vorschriften bezüglich der obligatorischen Zertifizierung von Nahrungsmitteln in den genannten Gesetzen aufheben« und die Gesetzgebung an internationale Standards über Pestizide, Zusätze und Aromatisierung anpassen, um »unnötige Kosten für Unternehmen« zu vermeiden.[2] Diese Forderungen werden voraussichtlich unter der IWF-freundlichen Regierung Jazenjuk umgesetzt; unter Aufgabe jeglicher staatlicher Zertifizierung für Lebensmittelsicherheit, der Freigabe von Pestiziden und Herbiziden sowie Zusätzen wie MSG.

Historisch ist die Ukraine als »Kornkammer Europas« bekannt. Laut einer Prognose des US-Landwirtschaftsministeriums aus dem Jahre 2013 (vor dem von den USA angezettelten Februar-Putsch) war die Ukraine auf dem Weg, zum zweitgrößten Getreideexporteur der Welt (nach den USA) zu werden. Im vergangenen Jahr wurden mehr als 30 Millionen Tonnen Getreide exportiert.[3]

Die Ukraine besitzt noch immer einen Teil der fruchtbarsten Schwarzerde der Welt. Dank des landwirtschaftlichen Reichtums, vor allem des westlichen Landesteils, war die Ukraine vor der Krise der drittgrößte Exporteur von Mais und Baumwolle, der fünftgrößte Weizenexporteur und der größte Exporteur von Sonnenblumenöl. Der fruchtbare Boden beschert reiche Getreideernten. Bis vor Kurzem verhinderten ukrainische Gesetze den Privatbesitz von Ackerboden. Außerdem war der Anbau von Gen-Getreide verboten.

EU hebt GVO-Verbot auf

Ein Abschnitt des Assoziierungsabkommens zwischen der EU und der Ukraine wird in den europäischen und amerikanischen Medien kaum erwähnt. Artikel 404 der EU-Vereinbarung bezieht sich auf die Landwirtschaft, einschließlich einer kaum beachteten Klausel: Unter anderem werden beide Parteien daran arbeiten, den Einsatz der

Biotechnologie zu steigern.[4] »Biotechnologie« ist *Monsantos* beschönigender Ausdruck für gentechnisch veränderte Organismen (GVO).

Der offizielle Text des Assoziierungsabkommens der EU mit der Ukraine lautet: »LANDWIRTSCHAFT UND ENTWICKLUNG DES LÄNDLICHEN RAUMS, ARTIKEL 404: Die Zusammenarbeit der Parteien im Bereich Landwirtschaft und Entwicklung des ländlichen Raums wird unter anderem folgende Bereiche umfassen: [...] c) Förderung moderner und nachhaltiger landwirtschaftlicher Produktion unter Achtung der Umwelt und des Tierschutzes, einschließlich der vermehrten Nutzung organischer Produktionsmethoden und der Anwendung von Biotechnologie, unter anderem durch den Einsatz der besten Methoden in diesem Bereich.«[5]

Kurz gesagt: Das Regime in der Ukraine hat bereits zugestimmt, das Verbot für den Verkauf von Ackerland aufzuheben und die ertragreiche Landwirtschaft für *Monsanto, DuPont* und das GVO-Agrobusiness-Kartell zu öffnen. Das ist ein schlechtes Vorzeichen für die Absicht, die EU relativ GVO-frei zu halten. Die großen Saatgut- und Getreideproduzenten der USA haben sich schon vor dem Februarputsch in der Ukraine breitgemacht. Der Wall-Street-Investmentbanker Michael Cox, Chef der Forschungsabteilung bei *Piper Jaffray,* schrieb kürzlich, die Ukraine zähle zu den »vielversprechenden Wachstumsmärkten für ... die Saatguthersteller *Monsanto* und *DuPont*«.[6]

Monsanto ist schon seit Jahren in angeblich GVO-freien Regionen der Ukraine aktiv. Schon im Mai 2013 gab der Konzern, heute der weltgrößte Saatgutproduzent, Pläne bekannt, in Winnytsja in der Westukraine »Nicht-GVO-Mais« anzubauen. Witalij Fedschuk, Konzernsprecher für *Monsanto Ukraine,* erklärte gegenüber *Reuters:* »Die Samen sind für den ukrainischen Markt und den Export bestimmt.«

Diese Ankündigung erfolgte, bevor die Ukraine Artikel 404 zustimmte, durch den GVO und der vom IWF geforderte Verkauf von Ackerboden an private Investoren zugelassen werden. Ungefähr zur selben Zeit kündigte *Pioneer Hi-Bred* von *DuPont,* ein weiterer großer Hersteller von Gensaatgut, den Bau einer 40 Millionen Dollar teuren Saatgutfabrik im Zentrum des Landes an, in der Samen von Mais, Sonnenblumen und Raps produziert werden sollen. Der Name der Fabrik lautet »*Stasi Seeds Pioneer Hi-Bred*«. Auch in diesem Fall wurde nicht angegeben, ob in der Fabrik auch GVO-Saatgut hergestellt werden wird.

– 9. August 2014

Endnoten:

1 *The Oakland Institute:* »Walking on the West Side: the World Bank and the IMF in the Ukraine Conflict«, zu finden unter: *http://www.oaklandinstitute.org/walking-west-side-world-bank-and-imf-ukraine-conflict* (aufgerufen: September 2014).
2 Ebd.
3 Kanya D'Almeida, »Is Europe's Breadbasket Up for Grabs?«, *Global Issues*, 30. Juli 2014, zu finden unter: *http://www.globalissues.org/news/2014/07/30/19828* (aufgerufen: September 2014).
4 »Walking on the West Side: the World Bank and the IMF in the Ukraine Conflict«, a. a. O.
5 (in englischer Sprache) zu finden unter: *http://eeas.europa.eu/ukraine/pdf/6_ua_title_v_economic_and_sector_cooperation_en.pdf* (aufgerufen: September 2014).
6 »Walking on the West Side: the World Bank and the IMF in the Ukraine Conflict«, a. a. O.

38

Die wahren Helden hinter dem Kiewer Waffenstillstand

Die Regierung von Präsident Petro Poroschenko in Kiew hat ganz plötzlich einem vorgeschlagenen Waffenstillstand zugestimmt, der fast identisch auf einem Vorschlag von Russlands Präsident Wladimir Putin beruht. Der Waffenstillstand, der seit einigen Tagen offenbar mehr oder weniger eingehalten wird, hat Washington völlig überrascht, sodass sich die Kriegsfalken in der Obama-Regierung gezwungen sahen, die EU beim letzten Gipfeltreffen unter Druck zu setzen, trotzdem neuen Sanktionen gegen Russland zuzustimmen.

Das alles unterstreicht den scheinheiligen Charakter des Krieges in der Ukraine als Mittel der Washingtoner Kriegsfalken, einen Keil zwischen Russland und die EU, insbesondere Deutschland, zu treiben und Russland in einem neuen Kalten Krieg wieder zum »Reich des Bösen« zu machen. Nur leider funktioniert es nicht wie geplant.

Einige Wochen zuvor hatten Poroschenko und das Regime in Kiew mit Pauken und Trompeten ihren »Antiterror-Einsatz« angekündigt, mit der angeblich eine bewaffnete Rebellion in verschiedenen Regionen der Ostukraine niedergeschlagen werden sollte. Dort fordern Menschen Autonomie und Rechte wie beispielsweise das Recht, weiterhin russisch sprechen und schreiben zu dürfen. Jetzt, vier Monate nach Beginn eines Konflikts, der sich inzwischen zum Bürgerkrieg entwickelt hat, schreibt ein gut informierter Blogger:

Die ukrainische Armee zieht sich nicht in eine, zwei oder drei Richtungen zurück, sondern überall (mit Ausnahme der Region nördlich von Luhansk). Ganze Bataillone verlassen unter dem Kommando ihrer Bataillonskommandeure und ohne Zustimmung der Junta-Führung die Front. Mindestens ein solcher Bataillonskommandeur wird bereits wegen Desertion verurteilt. Die gesamte Ukraine-Führung scheint in Panik zu sein, allen voran Jazenjuk und Kolomojskyj, während die Nazis wütend über die Regierung Poroschenko sind. Es gibt ständig Gerüchte über einen Putsch wütender Nazi-Nationalisten gegen Poroschenko …[1]

Bis zum 4. September waren laut Berichten aus der Ukraine die folgenden Einheiten der ukrainischen Streitkräfte zerstört:

- ***1. Panzerbrigade*** *– 50 Panzer vom Typ T-64 Bulat und andere gepanzerte Fahrzeuge. Die einzige ukrainische Einheit, die über die modernisierte Version T-64BM »Bulat« verfügt. (76 Einheiten im Oktober 2011). Diente in der nördlichen Luhansk-Front.*
- ***24. Mechanisierte Brigade*** *– Jaworiw, Bezirk Lwiw. Ein Bataillon im südlichen Kessel zerstört. Die beiden anderen Bataillone zerstört am 12.–14. August in Kämpfen in Sawur Mohyla. Reste der Brigade werden zu »Deserteuren« erklärt und erwarten ihr Urteil in Melitopol.*
- ***30. Mechanisierte Brigade*** *– Nowohrad-Wolynskyj in der Oblast Schytomyr. 1. und 3. Bataillon in der ersten Augusthälfte in der Region Krasnyj Lutsch geschlagen. 2. Bataillon vom 12. bis 14. August in Stepaniwka geschlagen. Von 4000 Soldaten überleben nur 83. Andere Einheiten zogen sich am 27. August aus dem Gebiet zurück.*
- ***51. Mechanisierte Brigade*** *– Wolodymyr-Wolynskyj in der Oblast Wolhynien. Anfang August im südlichen Kessel teilweise zerstört. Drittes Bataillon Ende August in Ilowajsk zerstört. Die Überlebenden, 500 Mann, schlossen sich mit der 92. Brigade zusammen, wurden aber um den 30. August im Kessel von Amwrossijiwka zerstört.*
- ***72. Mechanisierte Brigade*** *– Bila Zerkwa, Oblast Kiew. Anfang August im südlichen Kessel vollkommen zerstört. Die verbliebenen ca. 400 Mann wurden zu »Deserteuren« erklärt und an verschiedene Orte gebracht.*
- ***79. Luftbewegliche Brigade*** *– Mykolajiwka und Bolhrad, Oblast Odessa. Anfang August im südlichen Kessel zerstört. Die verbliebenen 400 Mann wurden auf ihren Stützpunkt zurückverlegt.*

- **92. *Mechanisierte Brigade*** – *Klugie-Maskirowka, Oblast Charkiw an der Luhansk-Front. Ein Bataillon in der Gegend von Charkiw. Ein Versorgungskonvoi wurde am 29. August von Partisanen in einen Hinterhalt gelockt; mehrere Fahrzeuge zerstört und zwei Soldaten getötet. Eine taktische Einheit von 2500 Mann, 16 Panzern, selbstfahrender Artillerie, gepanzerten Personentransportern und Lastwagen – insgesamt ungefähr 100 Stück Ausrüstung – wurde am 23. August an die Ilowajsk-Front geschickt. Alle wurden am 30. August im Amwrossijiwka-Becken zerstört.*

Außerdem erlitten die folgenden Einheiten in jüngster Zeit große Verluste bei Kämpfen:

- **25. *Luftlandebrigade*** – *in der Region Dnipropetrowsk. Im April desertierten sechs BMD-Panzer mit Besatzung nach Slowjansk. Die gesamte Einheit wurde auf Anordnung des amtierenden Präsidenten Oleksandr Turtschynow »aufgelöst«. IL-76 wurde über dem Flughafen Luhansk abgeschossen, 49 Gefallene. Ein Bataillon Anfang August in Kämpfen um Schachtjorsk zerstört. Ein weiteres Bataillon vor wenigen Tagen in der Gegend um Marinowka und Koschewnja zerstört.*
- **95. *Luftlandebrigade*** – *Schytomyr. Seit Beginn an Kämpfen beteiligt, derzeit die erfahrenste und effizienteste ukrainische Bodeneinheit. Am 24. August im Amwrossijiwka-Becken gefangen.*
- **17. *Panzerbrigade*** – *Krywyj Rih. Zahlreiche Panzer zerstört oder erbeutet. Einige Einheiten in Ilowajsk ausgelöscht.*
- **128. *Mechanisierte Brigade*** – *Mukatschewe, Oblast Transkarpatien (Gebirgsinfanterie). Aktiv an der Luhansk-Front. Verlor im südlichen Kessel die gesamte Ausrüstung. Ein Bataillon wurde nach Transkarpatien zurückverlegt, um dort einen Aufruhr niederzuschlagen. Mehr tot als lebendig.*[2]

Anhand der Liste wird klar, warum der ukrainische Oligarch, Präsident Poroschenko, einem Waffenstillstand zustimmte. Was immer der gestürzte Präsident Janukowytsch zu Beginn der Proteste auf dem Majdan-Platz und anderswo im November 2013 mit seiner Polizei getan haben mag, er hat niemals eine derart massive Militärmacht eingesetzt, um die Besetzung von Regierungsgebäuden durch Bürger zu beenden. Es sei daran erinnert: Die Regierungsgebäude wurden besetzt, nachdem das neu eingesetzte Kiewer Putschregime, dem Neonazis in Schlüsselpositionen als Innen- und Verteidigungsminister angehörten und dessen Ministerpräsident Jazenjuk von den USA als Regierungschef ausgewählt wurde, eine Debatte über ein Verbot des Gebrauchs der russischen Sprache und andere Einschränkungen für die ethnischen Russen im Osten begonnen hatte.

Als die Bürger der Krim am 16. März in einem Referendum mit über 93 Prozent der abgegebenen Stimmen dafür votierten, Teil der Russischen Föderation zu werden, und der russische Präsident dies akzeptierte, begannen Proteste ethnischer Russen und anderer Bürger, die das neue Regime in Kiew fürchteten. Sie forderten ein föderales System innerhalb der Ukraine, das die Freiheit der Sprache und andere Rechte gewährte. Die Antwort von Jazenjuks US-gestütztem Gangsterregime war rohe militärische Gewalt.

Kiews Krieg der ethnischen Säuberung

Nach dem 22. Februar 2014 ging das Kiewer Putschregime zu einem Krieg der ethnischen Säuberung in der Ostukraine über, zu einem erheblichen Grade gefhrt von einer Privatarmee aus Neonazis des rechten Sektors, die zuvor bereits die »Sicherheit« auf dem Majdan organisiert und russischsprachige Ukrainer terrorisiert hatten. Aus solchen Neonazis und anderen Söldnern wurden Bataillone gebildet. Sie erhielten den staatlichen Status als Soldaten der »ukrainischen Nationalgarde«, finanziert vom ukrainischen Mafiaboss und Milliardär-Oligarchen Ihor Kolomojskyj, zum Teil auch vom Millionär-Oligarchen Rinat Achmetow oder von Oleh Ljaschko, einem wegen Veruntreuung verurteilten Politiker aus Kiew.

Diese privaten Söldner führen seit März 2014 einen brutalen Krieg innerhalb der Ukraine, sie töten wahllos ukrainische Bürger, beschießen Dörfer, um die Einwohner zu vertreiben, und versuchen letztendlich, Washingtons ultimativen Plan zu provozieren – eine russische Militärinvasion, die als Vorwand für eine NATO-Mobilisierung genutzt werden soll, um so die Landkarte Europas, Russlands, Chinas und der Welt zu verändern.

Seit Beginn der von Kiew provokativ als »Antiterrormaßnahmen« bezeichneten Kämpfe gegen die Rebellen in der Ostukraine gab es 2593 Todesopfer und 6033 Verwundete. Nach Angaben der UNO ist die Zahl der intern vertriebenen Ukrainer auf 260 000 gestiegen, während 814000 Menschen nach Russland geflohen sind. Der Krieg tobte bislang hauptsächlich in und um die Rebellenhochburgen Luhansk, Slowjansk, Donezk und Mariupol an der Küste des Asowschen Meeres.

In Wirklichkeit geht es um die NATO

Die tiefergehende Frage bei diesem Krieg wird systematisch in allen Mainstreammedien in Deutschland, der EU und in den USA ausgeblendet. Die eigentliche Frage ist die Bedrohung durch die Osterweiterung der NATO, eine US-geführte Militärallianz, die eigentlich vor 20 Jahren hätte langsam aufgelöst werden sollen, als die Sowjetunion den Warschauer Pakt beendete. Anstatt das Profil der NATO zurückzufahren, wie Washington Russland gegenüber feierlich versprochen hatte, begannen neokonservative Kriegsfalken in den USA, angefangen mit den Clinton-Jahren, mit der Ausweitung der NATO nach Polen, Ungarn, der Tschechischen Republik und anderen Ländern. 2004 initiierte Washington erfolgreiche Farbenrevolutionen und Regimewechsel in der Ukraine und im benachbarten Georgien; die neuen Präsidenten versprachen, die beiden an Russland grenzenden Länder in die NATO zu bringen.

Die Ausweitung der NATO, die zu einer Bedrohung der russischen Souveränität wurde, überschritt nach Ansicht Moskaus die Grenzen des Vernünftigen, als die Regierung von Präsident George W. Bush Anfang 2007 erklärte, die USA strebten nach einem Atomaren Primat – so der Jargon des Pentagon. Gemeint ist die Fähigkeit, ungestraft einen atomaren Erstschlag gegen Russland zu richten. Bush hatte die Errichtung von Raketenbasen und speziellen Radarstationen in Polen und der Tschechischen Republik angeordnet, durch welche die USA in der Lage wären, jede russische Antwort auf einen amerikanischen Erstschlag gegen russische Raketensilos und Verteidigungsstützpunkte auszuschalten. Vertreter der Bush-Regierung logen ganz offen, als sie erklärten, dies richte sich gegen einen nicht bestehenden »Schurken«-Atomangriff aus dem Iran. Das Ziel war eindeutig Russland.

Im Februar 2007 sprach Russlands Präsident Wladimir Putin vor der jährlichen Internationalen Sicherheitskonferenz in München, der früheren Wehrkundekonferenz. Bei seiner in jeder Hinsicht ungewöhnlichen Rede erklärte Putin:

Das bedeutet, dass die NATO ihre Stoßkräfte immer dichter an unsere Staatsgrenzen heranbringt. […] Es ist offensichtlich, dass der Prozess der NATO-Erweiterung keinerlei Bezug zur Modernisierung der Allianz selbst oder zur Gewährleistung der Sicherheit in Europa hat. Im Gegenteil, das ist ein provozierender Faktor, der das Niveau des gegenseitigen Vertrauens senkt. Nun haben wir das Recht zu fragen: Gegen wen richtet sich diese Erweiterung? Und was ist aus jenen Versicherungen geworden, die uns die westlichen Partner nach dem Zerfall des Warschauer Vertrages gegeben haben?

Bei einer Rede im NATO-Hauptquartier sagte der Chef der US-Raketenabwehr, General Henry Obering, im März 2007, Washington wolle auch im Kaukasus ein Raketenabwehrsystem errichten, wahrscheinlicher Standort seien die ehemaligen Sowjetrepubliken Georgien und die Ukraine.

Bezeichnenderweise war einer der wenigen westlichen Politiker, die sich damals alarmiert über die angekündigten Pläne der USA zur Stationierung einer Raketenabwehr in Polen und der Tschechischen Republik zeigten, der ehemalige deutsche Bundeskanzler Schröder. Schröder selbst hatte sich 2003 mit seinem klar ausgesprochenen Widerstand gegen den Irakkrieg de facto den Status als »Feind« der Bush-Regierung erworben. Bei einer Rede am 11. März 2007 in Dresden, wenige Tage nach Putins Münchner Rede, erklärte Schröder, die Pläne der USA, ihre Raketenabwehrsysteme in Osteuropa zu errichten, seien Teil eines Versuchs einer törichten Einkreisungspolitik gegenüber Russland. Schröder warnte, man riskiere ein neues globales Wettrüsten.

Schröders Befürchtungen trafen zu, wie die Ereignisse der Folgezeit bewiesen haben. Als der erste Versuch, Ukraine und Georgien über eine Farbenrevolution in die NATO zu bringen, scheiterte, bereitete Washington verdeckt die »Revolution« vom Februar 2014 auf dem Majdan-Platz vor, durch die ein Regime von offenen Psychopathen ans Ruder kam. Mit dem brutalen Krieg gegen die eigene Bevölkerung entlang der russischen Grenze in der Ostukraine und der Drohung, die Pipelines für Lieferungen von russischem Erdgas nach Westeuropa zu sperren, sollte versucht werden, Russland zu einem Fehler zu provozieren, der der NATO den Vorwand zum Eingreifen liefern würde.

Wir alle sollten Gott danken, dass es nicht dazu kam und dass Russland in dieser Situation mit bemerkenswerter Zurückhaltung agiert hat. Stattdessen hat eine bunt zusammengewürfelte Bürgermiliz in der Ostukraine, die für ihre Häuser, ihr Land, ihre Familien und

Freunde kämpfte, mit oder ohne gelegentliche Hilfe von Russen, einen unglaublichen Kampf gefochten. Es war ein Kampf, den Wahnsinn zu stoppen, der in Kiew ans Ruder gebracht wurde – von der neokonservativen Ressortleiterin des US-Außenministeriums Victoria »Fuck the EU« Nuland, CIA-Direktor John Brennan und anderen in der Obama-Regierung.

Das Ziel der Kriegsfraktion in Washington war und ist die Durchsetzung des neokonservativen neuen Kriegsplans, einen Keil zwischen Russland und Eurasien und die EU, insbesondere Deutschland, zu treiben und vor allem die russisch-chinesische Allianz, die sogenannte Shanghaier Organisation für Zusammenarbeit, und die Organisation der BRICS-Staaten einzukreisen und letztendlich zu zerstören. Endlich ist es nach Poroschenkos Erklärung eines Waffenstillstands Zeit zu erkennen, welchen Dank alle Freunde des Weltfriedens und zivilisierte Menschen auf der ganzen Welt den Bürgern der Ostukraine dafür schulden, dass sie mit ihrer Weigerung, ihr Leben durch eine kriminelle Gang von US-finanzierten Barbaren in Kiew zerstören zu lassen, möglicherweise geholfen haben, einen Weltkrieg zu verhindern.

Der bedenklichste Aspekt der Krise in der heutigen Ukraine ist die völlige Unkenntnis in Westeuropa – wegen einer de facto bestehenden Pressezensur durch die NATO – darüber, was mit dem Krieg in der Ukraine auf dem Spiel steht. Es geht um nichts Geringeres als die Frage einer möglichen thermonuklearen Auslöschung … nicht Washingtons, dessen Kriegsfalken die NATO-Ausweitung und die Bedrohung eines atomaren Erstschlags initiiert haben, sondern Westeuropas. Solch ein Krieg würde Westeuropa von Polen über die Tschechische Republik und andere Länder zum atomaren Schlachtfeld eines Krieges machen, der schließlich zu einem neuen Weltkrieg würde. Das hätte doch wohl zumindest eine nüchterne und offene Debatte in den Mainstreammedien verdient.

– 11. September 2014

Endnoten:

1 »Ukraine SITREP: Maybe, just maybe?«, in: *The Vineyard of the Saker*, 4. September 2014, zu finden unter: *http://vineyardsaker.blogspot.de/2014/09/september-4th-2353-utczulu-ukraine.html* (aufgerufen: September 2014).

2 Quelle: *http://acloserlookonsyria.shoutwiki.com/wiki/Ukrainian_Armed_Forces* (aufgerufen: September 2014).

Über den Autor

F. William Engdahl
Ökonom, geopolitischer Analyst und Autor
Wiesbaden, Deutschland

F. William Engdahl ist ein Politökonom, der sich seit über 30 Jahren auf die geopolitische Analyse globaler Ereignisse spezialisiert hat. Er ist Autor des internationalen Bestsellers über Öl und Geopolitik mit dem Titel *Mit der Ölwaffe zur Weltmacht* (erschienen im Kopp Verlag), der auch im englischen Original sowie in französischer, chinesischer, russischer, tschechischer, koreanischer, türkischer, kroatischer, slowenischer und arabischer Übersetzung erschienen ist. 2010 veröffentlichte er das Buch *Der Untergang des Dollar-Imperiums* und 2013 eine überarbeitete Ausgabe seines Bestsellers *Saat der Zerstörung*. Diese Bücher bilden eine Trilogie über die Macht des Erdöls, die Kontrolle über die Nahrungsmittel und die Herrschaft des Geldes.

Engdahls Artikel und Analysen sind in zahlreichen Zeitungen und Magazinen sowie auf etlichen international bekannten Websites erschienen. Er wurde 2007–08 mit dem *Project Censored Award* ausgezeichnet.

Er hielt Vorträge über Ökonomie an der deutschen Hochschule RheinMain, zudem ist er Gastprofessor für politische Ökonomie am Pekinger Institut für Chemische Technologie.

Nach erfolgreichem Abschluss seines Studiums der Politikwissenschaft an der Universität Princeton (USA) und einem Aufbaustudium in vergleichender Wirtschaftswissenschaft an der Universität Stockholm war er als unabhängiger Ökonom und Recherchejournalist in New York und später in Europa tätig und befasste sich mit der Energiepolitik in den USA und weltweit, mit Handelsgesprächen im Rahmen der Uruguay-Runde des GATT, mit der Nahrungsmittelpolitik der EU, dem Getreidehandelsmonopol, der IMF-Politik, der Verschuldung der Dritten Welt, Hedgefonds und der Asienkrise.

Er liefert regelmäßig Beiträge zu wirtschaftlichen und politischen Fragen für zahlreiche internationale Publikationen, darunter *Asia Times, FinancialSense.com, The Real News, Russia Today TV* (RT TV), *Asia Inc., GlobalResearch.com, Nihon Keizai Shimbun* (Japan), *European Banker* und *Globus* (Kroatien).

Er ist als Gastsprecher bei zahlreichen internationalen Konferenzen aufgetreten, darunter die Konferenz des Ministeriums für Forschung und Technik in Peking; das *London Centre for Energy Policy Studies* von Scheich Zaki Yamani; das türkisch-eurasische *Business Council* in Istanbul; das *Global Investors' Forum* (GIF) in Montreux, Schweiz; *Bank Negara Indonesia*; das Russische Institut für Strategische Studien; das Chinesische Ministerium für Forschung und Technik (MOST) und die Kroatische Wirtschaftskammer.

Engdahl lebt zurzeit in Deutschland. Neben seiner Tätigkeit als Autor und Dozent ist er auch als Berater für europäische Großbanken und Privatinvestoren tätig. Eine Übersicht über seine Beiträge ist im Internet verfügbar unter *www.williamengdahl.com*.